PÓS-AUTISMO

Blucher

PÓS-AUTISMO

Uma narrativa psicanalítica com as supervisões de Donald Meltzer

Marisa Pelella Mélega

2ª edição revista e atualizada

Pós-autismo: uma narrativa psicanalítica com as supervisões de Donald Meltzer, 2ª edição

Publisher Edgard Blücher
Editores Eduardo Blücher e Jonatas Eliakim
Coordenação editorial Andressa Lira
Produção editorial Thaís Pereira
Preparação de texto Regiane Miyashiro
Diagramação Negrito Produção Editorial
Revisão de texto Maurício Katayama
Capa Laércio Flenic
Imagem da capa Arquivos da autora

Blucher

Rua Pedroso Alvarenga, 1245, 4º andar
04531-934 – São Paulo – SP – Brasil
Tel.: 55 11 3078-5366
contato@blucher.com.br
www.blucher.com.br

Segundo o Novo Acordo Ortográfico, conforme 6. ed. do *Vocabulário Ortográfico da Língua Portuguesa*, Academia Brasileira de Letras, julho de 2021.

Dados Internacionais de Catalogação na Publicação (CIP)
Angélica Ilacqua CRB-8/7057

Mélega, Maria Pelella

Pós-autismo : uma narrativa psicanalítica com as supervisões de Donald Meltzer / Maria Pelella Mélega. – 2. ed. rev. e ampl. – São Paulo : Blucher, 2024.

244 p.

Bibliografia

ISBN 978-85-212-2088-6

1. Crianças autistas – Cuidado e tratamento – Estudo de casos. 2. Psicanálise infantil. I. Título.

21-5417 CDD 618.928982

Índice para catálogo sistemático:
1. Crianças autistas – Cuidado e tratamento

Conteúdo

Introdução

A publicação deste caso de estruturação de uma personalidade a partir de um episódio de autismo infantil atende a várias motivações, que tentarei expor a seguir. Certamente, a primeira delas é compartilhar com o leitor interessado em psicanálise a intimidade de um processo analítico em que a qualidade da relação humana e as peculiaridades do mundo em que vivem tais crianças tornam a tarefa de analisá-las extremamente árdua e, por vezes, impossível. Compartilhar, também, os passos da supervisão, realizada por Donald Meltzer, durante o período de 1979 a 1983.

Em 1975, Donald Meltzer e colaboradores haviam publicado *Exploration in Autism*, que relata a experiência de dez anos de trabalho (1960-1970) de um grupo de terapeutas supervisionados por Meltzer que analisaram crianças portadoras de autismo infantil precoce. O autor conta como, à medida que o trabalho progredia, foi surgindo uma nova visão do autismo, que diferia grandemente de qualquer outra sugerida até então na literatura psicanalítica e psiquiátrica.

Até 1978, este livro não era conhecido em São Paulo, data em que iniciei o atendimento de Mário. Naquela ocasião, o atendimento dos distúrbios do desenvolvimento emocional dos primeiros anos estava no início, principalmente na faixa etária de 0 a 3 anos, época em que se manifestam os estados autísticos e as defesas autísticas de origem psicogenética.

No primeiro ano de análise (quatro vezes por semana), tive todo tipo de dificuldade para me situar analiticamente, embora Meltzer afirme em seu livro que, em essência, a análise de uma criança autista não difere tecnicamente da análise de crianças preconizada por Melanie Klein em seus textos, e está fundamentada na investigação sistemática da transferência.

Os comportamentos de Mário descritos pelos pais sugeriam uma retirada autística de causa psicogenética. Um relacionamento mãe-bebê insatisfatório para a disposição da criança, em que a sensualidade e a possessividade induzem a uma forte tendência à fusão com o objeto materno, teria levado a um fracasso da função continente do objeto externo (mãe), com todas as consequências para a estruturação inicial de uma mente, como veremos a seguir.

A história de seu desenvolvimento neuromotor não sugere encefalopatia como fator determinante do aparecimento do quadro autístico, mas a continuada medicação com neurolépticos e antipsicóticos dos 2 aos 12 anos seguramente teve efeitos danosos para o seu desenvolvimento.

Vale aqui fazer um apelo aos profissionais que lidam com a faixa etária de 0 a 3 anos: uma vez esclarecidos sobre a especificidade desses quadros mentais, façam encaminhamentos para profissionais especializados, com formação em observação mãe-bebê, autismo e psicose infantil, e familiarizados com a metodologia psicanalítica.

Mário se apresentou desde o início como um repórter, como um contador de histórias bíblicas, falando do começo ao fim da sessão e não querendo ser interrompido pela minha fala, não deixando espaço nenhum para eu existir.

Que tipo de relação ele estabelecia?

Qual era a natureza de sua transferência?

Estas eram perguntas que repetidamente eu me fazia.

Em agosto de 1979, tive a primeira supervisão com Donald Meltzer e Martha Harris na Sociedade Brasileira de Psicanálise de São Paulo (SBPSP), e foi a partir daí que pude ir aprofundando meu entendimento do "mundo autístico", no qual Meltzer penetrou, localizando fenômenos misteriosos da mente humana operando nessas crianças de forma condensada. Ele diz no final do primeiro capítulo da versão espanhola:

> *Eses fenómenos, el desmantelamiento, el deterioro de los conceptos de tempo e espacio, el empleo de la desmentalización como un recurso para ganar tempo – todo esto parece que ilumina ciertas modalidades de pensar y de estabelecer relaciones que pueden apreciarse en otras circunstancias (tanto en gente normal como enferma, sea en el consultório psicoanalítico como en la vida cotidiana.*[1] *(Meltzer, 1979, p. 38)*

1 "Estes fenômenos, o desmantelamento, a deterioração dos conceitos de tempo e espaço, a utilização da desmentalização como recurso para ganhar tempo – tudo isto parece iluminar certas modalidades de pensar e de estabelecer relações que podem ser apreciadas em outras circunstâncias (seja em condições normais e doentes, na clínica psicanalítica ou na vida cotidiana" (tradução livre).

O grande embate nessa análise foi com meus próprios sentimentos contratransferenciais diante de um menino que projetava em mim um "bebê moribundo" (estado de mente dele), enquanto ele assumia o estado de mente que era como o de um "gorila" (disfarçado de repórter-comentador-ator), impedindo todo o contato entre o bebê e sua mãe (o paciente e a analista).

A seguir, são descritas todas as tentativas e manobras para abrir um espaço e todas as estratégias de aproximação do bebê, pois dificilmente a via de acesso à mente de Mário poderia ser pelo "gorila" (denominação dada por Meltzer durante a supervisão).

Emocionalmente, foi custoso demais continuar atendendo esse menino, em virtude de sua extensa organização obsessiva resultante de suas tentativas para sair do estado autístico (aos 2 anos, ocasião em que se manifestou o quadro autístico, não recebeu terapia psicológica). Quando chegou à análise (dez anos depois), grande parte de seu potencial psíquico para desenvolver uma mente simbólica estava perdido.

Creio ter recebido verdadeiras lições de Donald Meltzer que ampliaram meu instrumental psicanalítico na investigação da transferência e da contratransferência, na observação de fatos durante a sessão (conduta e emoções), não me atendo especialmente a verbalizações e buscando minhas próprias imagens oníricas durante as sessões com ele para continuar a analisá-lo.

Isso tudo aconteceu há 20 anos, e penso que não tivemos um grande avanço psicanalítico no trabalho com crianças autistas. No entanto, o que se expandiu em alguns países, inclusive no Brasil e na Argentina, foi a visão da interação pais-crianças a partir da observação da relação mãe-bebê pelo método de Esther Bick. Com essa visão, estamos fazendo avaliações e diagnósticos mais precoces de síndromes autísticas, de comportamentos autísticos observados em bebês e crianças até o segundo e o terceiro ano de vida, que estão levando a intervenções terapêuticas imediatas e com evolução mais promissora.

Por último, quero tornar pública minha enorme admiração pelo trabalho clínico de Donald Meltzer, que pude acompanhar de perto neste e em outros casos que supervisionei, durante os quais ouvi, maravilhada, sua profundidade de compreensão da mente e a grande capacidade de teorizar "seus achados". Com ele aprendi muita psicanálise e é a ele que dedico inteiramente este livro.

Marisa Pelella Mélega

Janeiro de 1999

1. Mário e suas histórias

Este livro compõe-se da descrição do processo analítico com Mário, 11 anos e 9 meses, que durou cerca de sete anos, com comentários da analista e do supervisor Donald Meltzer, que acompanhou grande parte desse atendimento. Incluímos a teorização acerca do material e uma exposição teórica dos estados autísticos. Ao longo do relato, podem ser seguidos os passos para construir uma relação analítica com esse menino e o testemunho das emoções da analista diante das dificuldades de levar adiante um vínculo que pudesse evoluir para uma relação de crescimento.

Quando recebi Mário para analisá-lo, sabia tratar-se de um menino que apresentava séria dificuldade de contato com a realidade e séria perturbação no aprendizado e que, perto dos dois anos, apresentou um comportamento autista, segundo avaliação clínica de um neurologista.

A história evolutiva de Mário

Desde o início da vida, Mário mostrou-se mais "frágil" para as relações de objeto: não pegava o mamilo facilmente, levava muito tempo para sugar, a mãe tinha a impressão de que ele não gostava, até que, aos dois meses, passou a ser alimentado com mamadeira.

Nos primeiros três meses de vida, ele chorou muito dia e noite, pareciam ser cólicas. Depois ele se tranquilizou, e onde a mãe o colocasse, ele ficava calmo, desde que ela estivesse perto. A mãe informa que não o pegava no colo para não acostumá-lo, exceto nas horas de amamentá-lo.

Com dez meses, começou a falar algumas palavras: "dadá", "mamá", "cocô", imitou o pai falando "sai daí" e tentou falar o nome de uma menina, "Héia". Nunca foi uma criança alegre, mas parecia inteligente. Andou aos 13 meses.

Aos 18 meses, brincando de esconde-esconde com o tio, assustou-se quando este apareceu, e ficou chorando e rindo. Daí em diante, ele mudou de comportamento: parou de falar, não olhava para a mãe nem para outras pessoas. Era muito agitado, andava o dia inteiro e movimentava muito os braços, chegando até a bater nas orelhas. Não se interessava por brinquedo nenhum, parecia um boneco que andava e comia. Quando contrariado (por exemplo, impedido de mexer nos botões do fogão), ele batia a cabeça na parede, fazia movimentos giratórios em torno de si mesmo, abria e fechava portas e se sacudia quando ouvia música. Ficou totalmente indiferente às pessoas e, mesmo na hora de se alimentar, não fazia contato com a mãe. Passou a se apegar a objetos, segurando-os o dia inteiro. Primeiro foram latas, depois fita métrica, tampa de liquidificador (ele tirava e repunha a tampinha central), revistas, com as quais chegava até a dormir. Esse hábito se manteve até cerca de nove anos; após isso, ele continuou sempre mantendo as mãos ocupadas com algo: bainha da camisa, botão etc.

Aos 22 meses, foi levado a um neurologista, que diagnosticou autismo e o tratou com medicamentos. Aos 38 meses, quando nasceu o irmão, os pais notaram outra mudança: "ele começou a despertar"; começou a mostrar certo apego ao irmão, à mãe e ao pai. Começou a tentar comer sozinho, a se comunicar por gestos e mostrava muita preocupação com o irmão, que passou a ser "propriedade dele". Nesse período, ele manifestava o desejo de que os pais e o irmão estivessem sempre juntos, até de mãos dadas, principalmente quando a família estava fora de casa. Ele, porém, não gostava de colo, nem que o abraçassem ou beijassem. Passou a se interessar por números, letras e apontava-os para que a mãe os nomeasse. Parecia que ele já sabia o nome dos meses do ano, da semana, as cores e os números até 50; mas não falava. Recomeçou a falar aos 5 anos e 2 meses. Aos 7 anos e meio, ele foi para o pré-primário. Aos 8 anos e meio, passou a frequentar o CIAM (uma escola especial), onde continuou até iniciar a análise. A dicção é difícil até hoje, a parte motora bucal é bastante prejudicada. Apresenta dificuldades para cortar, pintar, usar faca etc. Lê e escreve muito bem.

A sociabilidade é "periférica", fica assistindo às brincadeiras das outras crianças; isola-se bastante e conta histórias fazendo uma espécie de teatro.

Os dados pregressos, os exames e outras avaliações eram de tal ordem que comecei a atendê-lo quatro vezes por semana, com a intenção de investigar qual seria sua condição dinâmica e estrutural.

Primeiros encontros

Quando vi Mário pela primeira vez, seu aspecto era "mole" e "desconjuntado". Os olhos me fixavam, mas pareciam "escorrer", a boca parecia "não segurar nada", a língua "solta" na boca, os braços e as pernas desarticulados, como os de uma "marionete descoordenada". A fala era arrastada e sem modulação. Parecia uma criança deficiente, lenta para o contato, que não ouve e não entende, com quem não se pode contar. Assim que entrou na sala, perguntou-me: "Já é quinze e quinze?" (horário daquela sessão). Olhou para mim, sorriu, sentou-se. Olhou a caixa, perguntou se iria ficar até às 16 horas, perguntou se podia brincar com os bonecos da caixa. Aproximou-se, então, e foi pegando coisa por coisa, nomeando-as e dizendo: "Agora vou pegar o lápis, agora a borracha, agora...". Após ter visto e nomeado tudo, repôs coisa por coisa no lugar. Nomeou os objetos sem usá-los, sem lhes dar sentido, sem uni-los, mostrando, desse modo, um aspecto de sua atividade mental.

Nas sessões seguintes, fez representações de histórias com os bonecos para então abandoná-los e passar a representar, no meio da sala, em pé, gesticulando, batendo as mãos desarticuladamente e andando, como um ator falando para uma plateia e dizendo:

– Tudo começou na pré-história. A aventura deles começou na pré-história. Aí, Deus criou o mundo. Aí começaram os tempos de Adão e Eva. O velho era um lavrador da terra e a velha só cozinhava. Aí, começaram os tempos de Noé. Aí, desde então, o velho começou a ter outra profissão. Era de colher fogo, de fazer fogo, como na pré-história. Aí, depois começaram os tempos de Abraão. Nisso, o velho volta a ser lavrador da Terra. Aí, depois, começam os tempos de Jesus Cristo. E nisso foi descoberta a Europa. Aí então, aquele velho e aquela velha falavam outras línguas, por exemplo, a língua portuguesa, espanhola, holandesa, sueca, francesa, inglesa e russa. Aí começaram os tempos da Antiguidade. Aí o velho e a velha quiseram ter um filho que nunca tinham tido, nem mesmo na pré-história. Então, a velha deu à luz um filho. Esse menino viveu 100 anos. Depois ele morreu e os velhos ficaram muito tristes. E acabou! (Pequena pausa.) E aí, depois, começaram os tempos dos outros descobrimentos da Europa. O velho e a velha não só falavam sete línguas, como começaram a falar outras línguas. Aí depois começaram os tempos da Independência. Aí, o velho e a velha começaram a ter liberdade total. Aí começaram depois os tempos da República. Nisso, o velho começou a ter mais educação, a não maltratar a velha.

Analista: – Por que maltratava?

Mário: – Às vezes, maltratava! E aí, depois daquele filho, não tiveram mais filho. (Pausa.) Eu quero saber tudo o que aconteceu em 1966!

Analista: – Você quer saber de sua história, da história de seu nascimento.

Ele parece nem ouvir o que digo e se deita cantarolando: – Quem dá mais por um fulano que ousou acreditar... (soltando gases e deitado até o final).

Suas sequências-histórias: passo para uma relação?

Com o progredir da análise, as vozes bíblicas vão cedendo lugar às fábulas, às representações radiofônicas, ao sono (passa a dormir em alguns períodos da sessão). E, quando acorda, procura contato físico e aconchego com o divã, as almofadas, as paredes. Toca meus sapatos, pega em meu braço para olhar as horas em meu relógio.

Digo-lhe então que, quando deixa de falar com a voz de apresentador, surge um menino pequeno, que sente muitas coisas aqui comigo e não sabe ainda como dar palavras. Ele sorri. É uma resposta ao que lhe digo, o que dificilmente acontece.

Quando faz as apresentações, ele exige que eu permaneça ouvindo-o sem interromper, como alguém de uma plateia. Ele vai se agitando, balançando braços e pernas em movimentos parecidos aos de uma marionete que está sendo articulada pelas cordinhas.

Ele faz o programa radiofônico usando todo o tempo da sessão. Eu devo permanecer um objeto controlado, uma presa de suas palavras. É difícil ficar "nesse papel", sinto-me sem função, e quando vivo esse sentimento de uma forma intensa, eu reajo. É o que ocorreu, por exemplo, na sessão de 4 de maio de 1978, relatada a seguir.

Sessão de 4 de maio de 1978 – "A interrupção"

Está com o rosto congesto (pelo resfriado?). Vai entrando na sala e eu o olho bem nos olhos, para estabelecer contato. Ele começa a mesma série de cenas de cantar no meio da sala, virando para a porta, meio de costas para mim: – Falaram que meu amigo é surdo... parece absurdo apanhar tanto... Pandeiro, não, Surdo é o meu nome, pandeiro não come, mas pode apanhar...

Eu, sentada na cadeira, percebo-me em uma atitude de esperar que Mário faça exatamente as mesmas encenações, esperando que ele faça contato direto comigo após as dramatizações. Então, percebo que ele me amarrou numa expectativa e me "mantém ocupada" sensorialmente com a "encenação".

Interrompo-o, levantando-me e colocando-me na frente dele, no meio da sala, dizendo que agora eu vou contar uma história. Ele diz que agora não, depois que ele terminar. Digo que tem que ser agora, senão depois esqueço; muito a contragosto, ele me deixa iniciar, mas, em seguida, jogado no divã, urra e bate os punhos, dizendo que não era para fazer isso agora.

A história:

– Era uma vez um menino chamado Mário que, quando se encontrava com a dra. Marisa, ficava tão apavorado que, para poder se sentir melhor, mais tranquilo, tinha consigo/carregava consigo, toda uma história a falar e ouvir, que ele já conhecia todinha. E que, enquanto ele ia desenrolando essa história, ele podia, por trás dela, observar um pouquinho a dra. Marisa e a si mesmo enquanto estavam juntos.

Sob violentos protestos, ele me deixa terminar, chorando, como se tivesse estragado o "brinquedo" dele. Eu termino e ele se levanta para continuar a encenação, mas tem uma tontura e se apoia na parede. Levanto-me dizendo-lhe que, se me ouviu, percebeu o que se passa com ele, e não vai poder fazer de conta que continua tudo igual. Ele está meio choramingando, meio gritando, querendo impedir que eu continue, e dizendo que eu estraguei tudo.

Eu lhe digo que se sentiu tão assustado e desprotegido como se eu tivesse tirado dele uma chupeta, um ursinho ou um paninho muito usado. Que sente que pode ir crescendo aqui dentro se eu o deixar usar sua encenação-chupeta.

Ele volta à habitual encenação-brincadeira, mas com outra disposição, com o rosto e os olhos vivos, mantendo-se em contato comigo por meio destes. Aponto-lhe a mudança.

Termina a hora antes de ter concluído toda a programação e sai, continuando a falar a programação.

Com essa experiência, fiquei mobilizada para encontrar outra forma de me relacionar com ele, interrompendo-o e apontando-lhe a estrutura da relação que mantinha comigo e que consistia em "amarrar-me" em suas sequências-histórias e não permitindo "interferências" de minha parte. Como recursos para manter essa relação comigo, ele tinha: uma programação estabelecida na sessão, desde o início até o fim; o bombardeio do seu falar incessante, às vezes muito alto, dramatizando as personagens como um teatro dentro do qual ele parecia viver algumas emoções aparentemente produzidas pelo desenrolar de suas próprias histórias. Outro recurso era uma atividade em que ele nomeava, agrupava ou fazia listas intermináveis, do início ao fim da sessão, atividade que eu considerava vazia de significado e de emoção.

Diante dessas condutas, eu me sentia sem instrumentos para responder-lhe analiticamente e meus sentimentos contratransferenciais, às vezes, eram de desânimo ou mesmo de querer me livrar daquele bombardeio. Fazia tentativas de aproximação, colocando-me dentro de suas histórias, ou dramatizando e verbalizando "o papel" que ele me atribuía na transferência (bebê, aluno, ouvinte), mas eram tentativas inseguras, logo abandonadas por mim, pois a resposta dele era ignorar minha presença, e eu precisava de resposta para ir adiante.

Aos poucos, configurou-se que eu era o representante (na transferência) de um bebê "sem lugar", "sem poder ser ouvido", "sem poder se movimentar", "sozinho", sem ter a quem recorrer.

Esse aspecto dele, de desamparo e abandono, e a contraparte dele, de repórter-comentarista (e tirano), estavam agora bastante discriminados.

Então, se estava claro que as "sequências-histórias" dramatizadas eram as defesas que ele mobilizava para deixar de tomar contato com sua mente quando estava comigo, não estava claro como trabalhar a situação de não contato e vínculo com as "sequências-histórias". Paralelamente às "sequências-histórias", havia escapes:

eram gestos, toques, posturas durante as dramatizações que, como atos falhos, podiam dar elementos inconscientes que se insinuavam nas frestas produzidas pela relação transferencial.

Dentro das "sequências-histórias", havia também alguns *flashes* de sentido mais claro. E se, por um lado, achei que não convinha dar atenção aos conteúdos – o que, aliás, era muito complicado de acompanhar, pois resultava para mim "entrar no jogo de decifrar o que ele estava dizendo" –, por outro lado, pus em dúvida se constituía o melhor procedimento apenas focalizar a defesa ao contato e à experiência, mostrando-lhe muito mais a estrutura dessa relação e não usando o material que ele comunicava durante as suas "sequências-histórias".

Contudo, o fato é que o material que ele comunicava era muito confuso para mim; muitas vezes, pensava ter apenas a função de me entupir. E havia também um outro fator de dificuldade trazido pelo bombardeio sensorial que ele era capaz de fazer durante as dramatizações: falar alto e continuamente. Talvez, sobretudo os "escapes", durante as dramatizações, tenham-me dado a possibilidade de entrar em contato com outro Mário, aquele que, por exemplo, enquanto o comentarista falava os últimos acontecimentos mundiais, estava agarrado a uma almofada, tocava nas portas da sala e no seu ânus, mostrando "preocupações bem diferentes" às do comentarista. De repente, de suas histórias, emergiam verbalizações que pareciam alusivas a um estado emocional presente, à sua condição de vida. Algumas vezes eram histórias sobre o "acidente" ou que falavam da consciência de seu estado e de sua perturbação.

Sessão de 6 de junho de 1978 – "Amanhã é meu aniversário"

Dirige-se para os armários da sala e tenta abrir as portas, mas não consegue; liga e desliga os interruptores e os botões do "Bom

Clima", sobe no banco, deita-se na mesa e desce pelo outro banco. Repete algumas vezes essa sequência. Digo que está querendo ver como está tudo e conhecer mais alguma coisa por dentro. E que deseja fazer o mesmo em relação a mim. Ele abre então a caixa em cima do divã e vê que tem folhas novas. Diz para mim (novamente) que amanhã é seu aniversário. A conduta está entre um examinar para ver se está tudo em ordem, em funcionamento, e um investigar, mas com desconfiança. Pergunta as horas; passaram-se doze minutos desde que entrou.

Digo-lhe que acredita que, passando o tempo, vai diminuir ou passar sua aflição. Ele volta a mexer nos botões do "Bom Clima", parece pensativo e deprimido. Aponto-lhe como o vejo e que está parecendo querer acertar qual botão pudesse lhe dizer algo que o ajudasse nesse momento. Ele começa a "nhanhar", como que me imitando de estar falando tanto. E faz uns movimentos de mãos, passando pela boca, nariz, olhos e alto da cabeça e unhando-se como que "vestindo-se de marionete"! Aí levanta e fala qualquer coisa, gesticulando e pondo toda hora as mãos nos genitais. Digo-lhe que está ocupado na tentativa de não fazer com o seu genital o que a cabeça dele já está fazendo, ou seja, masturbando-se. Quase em seguida, ele para e, aproximando-se de mim, pergunta se pode ir ao banheiro. Digo-lhe que ir ao banheiro é uma tentativa dele de se aliviar do que pensou fazer. Ele torna a perguntar e eu lhe digo que sim. Quando volta, ele para um instante para mexer na tomada. Está tristonho; digo-lhe que ele sente que não resolveu "seu problema" indo ao banheiro, mas que continua com vontade de pôr-se dentro de mim por meio de seu pipi. Ele se senta e começa a falar que os jogos de Peru e Rússia serão televisionados.

Digo que ele pode ter conhecimento de como será o que lhe for dado acesso. Das outras coisas, só conhecerá o resultado, por exemplo: pode conhecer o irmão, mas não esteve lá para ver como aconteceu entre os pais. Ele me corrige, como se eu não tivesse entendido sua fala. Eu repito; ele me olha surpreso. Ele, então, pega e abre a caixa e começa a arrancar aos poucos tudo de dentro e a colocar o conteúdo no divã até esvaziá-la. Vira-a em pé e, batendo de leve com as mãos, pelo lugar que tem a alça, diz: "Se ficasse sem nada, não teria problema?". No momento, não alcancei o que disse e achei que ele tinha percebido que tirara tudo e eu achando que tirara. Digo-lhe, então, que foi tirando coisa por coisa para pôr a limpo o que podia estar dentro de mim ou da sua mãe: sujeiras, nenês, partes do papai, coisas perigosas!

Ele então recoloca aos poucos tudo de volta e fecha novamente a caixa. Faltam agora dois minutos para terminar. A sala está com o travesseiro no chão, o banco e a caixa fora do lugar. Termina a hora.

Da supervisão com a Dra. Vida Maberino Prego y Silva[1]

Tomo contato com uma compreensão de Mário que se aproxima daquela das crianças neuróticas. O paciente quer ligar o botão adequado e estuda o quarto de jogos com o que pode representar como uma coisa sua e dele. Eu lhe interpreto que quer ver algo dentro de si e ele abre a caixa. Parece que ele faz uma clivagem de si mesmo, em que uma parte dele fica no divã, em atitude "analítica", e a outra parte segue fazendo coisas no quarto e, então, ao ver folhas novas, associa-as com aniversário. Agora, para esse menino que fala tantas histórias, nada escrito é como nascer. As folhas novas são suas possibilidades e, se estão em branco, pode enchê-las. Quando pergunta a hora, tem necessidade de aclarar uma confusão com

1 Psicanalista didata da Associação Uruguaia de Psicanálise.

o tempo. Porque, quando fala do aniversário, é um nascimento de antes, e agora seria com você. Perguntar a hora é acertar-se no tempo. Está pensativo e triste. Quando você lhe fala, ele não aceita o que você lhe diz e aí está uma parte da sessão – e o que aparece é a marionete, ele se fazendo de marionete, pois seu mundo interno está sobre o divã. Começa a gesticular, a falar e a assegurar-se de que tem os genitais, toca-se, está excitado. E assume uma atitude diferente para pedir licença de ir ao banheiro. Volta e está triste e você comenta que ter ido ao banheiro ver seus genitais não resolve o problema, e ele passa imediatamente à TV. Na TV, pode-se ver, mas ele se queixa que só pode ver dois (Rússia e Peru). Que se passa? Ele não pôde ver algo quando foi ao banheiro e você interpreta, o que me parece muito adequado, que ele pode ver parcialmente, só o resultado. Com isso, ele abre a caixa (que estava sobre o divã) e tira tudo afoitamente. O que tira de dentro: a relação dos pais, o irmão que nasce...

Você interpreta que ele tira tudo para examinar, mas se você lhe dissesse que, quando ele tira tudo, é para ver-se livre de tantas coisas conflitivas... a fala dele "Se ficasse sem nada, não teria problema?" corresponde à marionete, estado mental-defesa contra o sentir; marionete é vazia, é um saco. Ele faz três tentativas para encontrar o botão certo. Que parece ter relação com você. Qual botão ele deve apertar para que eu diga o que ele pretende? Porque o aniversário reverte a esse momento em que ele foi o bebê produto da relação papai-mamãe.

* * *

Nesse primeiro ano de análise, a Dra. Vida Maberino Prego y Silva, que vinha regularmente a São Paulo para dar formação em análise de crianças e adolescentes da SBPSP, supervisionou várias sessões de Mário. A propósito da sessão de 4 de maio de 1978, ela comentou:

> *Esse menino esconde o que tem de valor, suas emoções e percepções, fazendo um tecido com um amontoado de palavras, fábulas e novelas. Ele tem que pôr tudo sob seu controle para não aparecer o aspecto mau da analista. A relação que tem com a analista é mantida secreta pelo temor de que se aclare e se converta em algo perigoso.*

Na sessão de 15 de maio de 1978, eu chego quinze minutos atrasada e aviso que vou repor o horário. No meio da sala, ele começa a noticiar:

– Os presos do Dops estão sendo detidos por mais tempo. E estão sendo malvados com o Dops.

– Os "presos-Mário" estavam esperando mais tempo na sala de espera porque a "Marisa-Dops" estava atrasada e os "presos-Mário" ficaram pensando malvadezas – respondo a ele.

Mário ri do que eu falei e, em seguida, continua a reportagem.

Nas sessões de maio, ele cita informações vindas da leitura de enciclopédias (o pai trabalha em uma editora).

A dra. Vida, em supervisão de 3 de junho de 1978, salienta um aspecto pouco cuidado por mim: a masturbação. "Ele está querendo introduzir a adolescência que está despontando. A enciclopédia é o livro que responde às perguntas que não são respondidas pelos adultos."

Na sessão de 15 de junho de 1978, uma das programações falava da mulher do vampiro. A um certo momento, a analista fala do "Mário-rádio-TV" e do "Mário de 13 anos com uma mulher adulta na sala". Ele escuta e pergunta as horas. Em seguida, faz uma dramatização em que ele sempre responde: "Por favor, não me comprometa".

Na sessão de 22 de junho de 1978, o mote "por favor, não me comprometa" continua. Mário dramatiza vários personagens, por exemplo, Charles de Gaulle, que é interpelado por uma VOZ:

Uma voz: – Senhor, tenho um recado de sua mulher para o senhor.

De Gaulle: – Eu não tenho mulher; o senhor, por favor, não me comprometa.

Uma voz: – Senhor, tenho um recado de sua filha.

De Gaulle: – Não tenho filhos; o senhor, por favor, não me comprometa.

E assim por diante. Na semana seguinte, a estrutura das dramatizações é a mesma, mas ele vai entrando em confusão. O mote da sessão passa a ser "tudo errado".

Nas primeiras sessões de agosto de 1978, após as férias, sua defesa ao falar continuamente uma programação preparada falha. Ele não tem segurança, atrapalha-se na sequência, para no meio da apresentação para pensar, comete atos falhos, há elementos persecutórios nas encenações.

Nota: penso que a separação das férias promoveu várias moções que, no reencontro, não consegue controlar com suas defesas obsessivas, mas pouco consigo transmitir do que eu pensei.

Sessão de 13 de setembro de 1978 – "A Cuca vai pegar"

– Boa tarde. Vamos apresentar o Sítio do Pica-pau Amarelo, na série "A Cuca vai pegar: o começo da caçada do Saci". Pedrinho, Narizinho, Emília e Visconde foram na casa do tio Barnabé, e ele contou a história do Saci e perguntou se eles estavam dispostos a caçar o Saci. Aí, eles começaram a caçar o Saci, e chamaram o

Rabicó. Aí, durante a caçada do Saci, Pedrinho sentiu um vento forte que parecia um furacão. Então, todo mundo escapou, e aí não tiveram mais nenhuma coragem para caçar o Saci, mais ou menos por uns dez dias. Agora vou apresentar: "O seu pedido vale prêmios". Primeiro pedido: de Sônia Regina, de Rio Bonito. É o conjunto Saint-Exupéry (e canta a música): "*C'est la vie*". Agora, o último pedido: Cláudio de Almeida Bastos, de Santo Amaro. Com Roberto Leal: "Terra de Maria" (canta a música). Tchau, pessoal! Até a próxima semana!

Termina e senta-se no divã. Pausa.

É a hora em que ele dá espaço para ter um contato direto, conversar, às vezes. Na primeira parte da sessão, ao estar representando, cantando, não devo falar, eu sou plateia assistindo, sentada no meu lugar e, aos poucos, enquanto conta as suas histórias, ele pode me olhar, observar. Assim vão emergindo aspectos da mente dele que se comunicam por movimentos de braços, olhos, abrir armários, bater de leve nas portas etc., que parecem todos os escapes da representação e que irrompem na representação central (que seria a defesa).

As histórias têm agora uma estrutura, representações, uma sequência, uma lógica, uma evolução nos conteúdos. Estão cada vez menos fantásticas e mais claras. Na primeira parte da sessão, ele "me empurra para um canto" para deixar um grande espaço para si. Parece necessitar fazer dessa forma, manter distância, e, aos poucos (nem em todas as sessões), consegue se aproximar o suficiente para que eu tenha o sentimento de estar com alguém na sala, de que eu posso ouvi-lo e ele pode me ouvir, e ambos sabemos disso. Atualmente, as representações dele já podem ser seguidas por mim. Porém, em inúmeros momentos, ainda "sinto não ter o que fazer" diante do isolamento que ele me impõe. Frequentemente, faço uma aproximação, assumindo um dos papéis dentro do "jogo de representações". Mário é sempre o que narra, o dono das histórias ou o professor que ensina geografia, história etc. Eu tomo um lugar real em sua representação dramatizando o aluno que toma nota do que ele está contando e repetindo alto o que ele vai dizendo.

É discutível esse meu modo de estar com ele, é uma exploração para investigar a resposta dele e a utilidade de delimitar concretamente minha presença. Talvez seja mais útil eu lutar por um lugar tentando superar os sentimentos de impotência diante dessa relação.

Voltando à sessão: ele faz uma pausa e senta-se. Mário pede-me emprestada a revista *Veja* que está na sala de espera, que ele promete trazer de volta amanhã.

Pergunto-lhe o que faz com uma revista de gente grande. Mário diz que gosta de ler os assuntos, os títulos dos assuntos.

Ele mesmo diz que não dá para ler, somente os títulos! É como se ele não comesse, só olhasse.

Analista: – Fala uma coisa que você gosta de comer!

Mário: – Maçã.

Analista: – Então! Você imagina que comeu uma maçã se ficou só olhando para ela?

Mário está surpreso e sorri.

Analista: – Então, se não chega perto, pega, morde, mastiga, engole, não põe para dentro. Não sustenta. Não cresce.

Então, ele faz um jogo. Pega a caixa de ludo que está do lado, no divã, e diz:

– Eu faço de conta que a caixa é o carro. O carro está na garagem (faz a caixa andar até o outro extremo do divã). Aí veio o caminhão e "POU"!!! Aí pegou fogo e morreu toda a família... ele morreu. Aí o carro não tinha mais utilidade e foi todo estraçalhado! Acabou a história do acidente (e põe a caixa no lugar).

Pega então a almofada e experimenta apertá-la com os braços, com os lábios, lambe-a, chupa-a, cospe nela, joga-a longe, no chão. Agora com os pés na parede, fica me olhando e alisando a parede.

Mário: – Você me empresta a *Veja*? (matreiro)

Analista: – É! Para mostrar na sua casa quem é você, que fica com as minhas coisas!

Mário sorri e com os pés empurra a minha cadeira. Termina a hora.

Assim, ao longo dos meses seguintes, as histórias de Mário mostravam conteúdos que ora pareciam estar ligados ao "aqui e agora" da relação analítica, ora pareciam exteriorização de "seus pensamentos" acerca de si mesmo. Selecionei algumas sessões para dar ao leitor uma ideia do que estou falando.

Sessão de 21 de setembro de 1978 – "O Dr. que fez muita gente de bobo"

"Pinóquio em 'O Dr. que fez muita gente de bobo'.

Um velho doutor vinha caminhando pela aldeia quando, de repente, encontrou um homem e falou assim: – Por que estás tão triste?

Homem: – Porque um lobo comeu minhas galinhas e não tenho mais ovos para comer.

Dr.: – Não se preocupe que eu choro para você.

H.: – Quem é o senhor, afinal?

Dr.: – Sou o Dr. Tristeza. Quando vejo as pessoas tristes, eu choro por elas, mas eu tenho um remédio para isso, o remédio da felicidade. Tó!

H. toma o remédio.

Aí, o Dr. encontrou uma Mulher e falou: – Por que estás tão triste? Oh! Por que estás tão triste?

M.: – Porque eu saí de casa e agora não tenho para onde ir.

Dr.: – Não se preocupe que eu choro por você. (E o Dr. chora.)

Aí a mulher perguntou: – Quem é o senhor, afinal?

Dr.: – Eu sou o Dr. Tristeza, mas não se preocupe, eu tenho o remédio da felicidade. Tó!

Um pouco mais adiante, o Dr. falou: – Acabou o remédio, preciso fazer outro mais uma vez. Mas primeiro preciso ver onde vou passar a noite!

Aí, no dia seguinte, Pinóquio encontrou o corvo dando risada. Aí, os animais da aldeia se reuniram em assembleia geral.

Chefe: – Nós temos que escolher quem pode resolver o problema do corvo, da toupeira e do coelho. Só pode ser você, Pinóquio. Porque você é o único que entende a linguagem das pessoas e dos animais

– Tá bem, eu vou – falou Pinóquio. E, cochichando, quebrou o remédio.

Aí o Dr. desculpa e Pinóquio pede para fazer um remédio: – Para me transformar em gente. O Sr. não vai fazer?

O Dr. faz. Pronto.

– Nós vamos tomar. (Toma o remédio.) Aí ele dá uma gargalhada.

– Por que o remédio não faz efeito em mim? Porque eu sou de madeira.

– Ei, Pinóquio! Você não vai resolver o problema do corvo, da toupeira e do coelhinho?

– Por que aquele pessoal está rindo? – falou Ladrinário.

Pinóquio respondeu: – Porque eles tomaram o remédio da felicidade.

– Não acreditamos! – gritou Ladrinário."

Sessão de 27 de setembro de 1978 – "Pinóquio, o filho de Deus"

"Pinóquio viajava de navio; de repente, naufragou! Aí encontrou o chefe da malvadeza, que falou assim:

– Pinóquio, nós naufragamos juntos, agora você vai ser só meu.

Pinóquio falou: – Barba Ruiva, você está aqui?

Barba Ruiva falou: – Cadê o Ladrinário?

– Ele já se afogou! – falou o chefe da malvadeza. – Agora você é meu, Pinóquio!

Pinóquio gritou: – Vovozinho, me ajude!

Gepeto respondeu: – Oh, Pinóquio! Que bom encontrá-lo.

Gritou o chefe da malvadeza: – Ah, é? Seu velho!

Gepeto: – Agora você vai ver com quantos paus se faz uma canoa! Guardas, prendam estes três!

Chefe da malvadeza: – Não tenho nada a ver! Soltem-me! (Livrou-se das cordas e fugiu.)

Guarda: – Leve-os para a capital, Pinóquio, Gepeto, Barba Ruiva.

Rei e cientista do país reunidos.

Cientista do país: – Segundo minhas experiências, esse boneco vem de Júpiter.

– Então – gritou o Rei – vai nos atacar quando crescer!

– Perfeitamente – falou o cientista.

Rei: – Queimem esse boneco!

Pinóquio geme e pede ajuda a Barba Ruiva.

Rei: – Levem esse velho para a prisão! Agora, podem queimá-lo!

Pinóquio: – Não! Não!

– Meu caro Rei, ele é o mensageiro de Deus – o Cardeal falou."

Mário quis interromper a história. Transtornou-se momentaneamente.

– Não sei, é que é muito comprida...

Ele chegara quinze minutos atrasado. Passa a ler uma lista que ele fizera numa folha e pede para ir ao banheiro! Deixa a porta do banheiro aberta.

Nota: é possível inferir sua ansiedade em relação ao tempo, que ele tem consciência de estar acabando, ao conteúdo da história onde haverá morte e isto tudo se manifesta pela interrupção da história, o que é raro acontecer; ele perde o controle e acaba indo ao banheiro.

Sessão seguinte – 28 de setembro de 1978

Chegou quinze minutos atrasado, pela segunda vez.

Mário inicia contando: – Pinóquio em "O violino dos milagres".

Analista: – Você está contando uma história que você inventa, que é uma fantasia que você faz, de um modo mais aceito e elaborado. Paralelamente, está acontecendo outra fantasia, que é expressa por você assim, mexendo na braguilha, fechando o zíper, mexendo no pinto, olhando para mim e para a tomada, olhando para o sofá.

Essa é a prisão a que Mário alude, a de suas próprias fantasias do "demônio". A história:

– O rei vai libertar o boneco (Pinóquio), se ele curar a filha do rei. E a menina passa a falar (essa é a cura), mas não adianta porque novamente o boneco é ameaçado de morte, não, o rei e sua família são ameaçados de morte se o violino não tocar. Mário urra, berra. Grita por socorro!

– É um ataque? – eu pergunto.

– O violino está estragado. Como vou ter um instrumento? O rei prometeu ser bonzinho com o boneco. O boneco não quis mais viver: "Quero morrer, queimem-me!". O violino é enterrado. E aí a árvore de carvalho cresce para ter outro violino.

* * *

Essas duas sessões parecem conter uma fantasia importante de Mário acerca de si mesmo: ele é diferente dos humanos, o remédio-análise não ajuda, o rei-pai quer queimá-lo por ele ser esquisito, ser de outro planeta e poder atacar quando crescer. Mas o fator religioso vivido por meio do personagem "O cardeal" tenta salvá-lo e avisa o rei de que o boneco é o mensageiro de Deus. O rei vai libertar Pinóquio por ter curado sua filha e ela passa a falar. Mas, se o violino não funciona, Pinóquio desiste de viver, não tem jeito de consertar o estrago, só fazendo outro menino.

Sessão de 3 de outubro de 1978 – "A verdade da xerox"

Atendo-o dez minutos mais cedo, pois ele fará o eletroencefalograma (EEG) ao sair dessa sessão.

Ao fazer contato, ele me bate com a almofada. Chuta um banco. Abre os armários. Lutamos. Está próximo, mais real, não distante como ontem, quando me chamava de hipócrita. Fala que é de Júpiter, quer morder meu dedo. Eu digo que morder é deste planeta. Acontece mais luta, ele me chuta, me bate e eu tento segurá-lo. Ele se acalma. Ele passa a me morder de faz de conta, mas inteira, na frente e nas costas.

Ele verbaliza:

– Contatos maus com meu dedo. Você não deu o dedo, então Ele (o ser do planeta Júpiter) vai ser obrigado a comer você inteira. E deixou uma xerox, mas você estava na barriga dele. Aí Ele saiu da torre e foi para o planeta original. Chegando lá, o rei falou: "Onde estão os seres da Terra?". E ele respondeu: "Estão na barriga", ele pensou (?). O rei mandou fuzilar o ser do planeta Júpiter. Aí quando ele morreu, eles viram, o rei viu, que não era o pessoal da Terra, era só um humano, que era você (dirigindo-se para mim). Então, eles foram para Júpiter, não, para a Terra, se disfarçaram de humanos e levaram a xerox para o planeta deles e deixaram o original aqui, que era você. Aí foram para Júpiter novamente e o rei chamou o cientista que fez as xerox desaparecerem, porque ele já não tinha utilidade. Igual que era deixar que o antecessor fosse para Júpiter e o vez mais e aí... (muito confusa essa fala.)

Isso aconteceu para evitar que outras xerox fossem mandadas de Júpiter para a Terra.

Analista: – Essa é a ideia que você tem daqui? Que você vem pôr a minha xerox dentro de você, para virar gente?

Ele, com uma caneta, risca em círculos concêntricos, na mesa, para mostrar como a xerox vai se desmilinguindo.

– Tem que cortar as xerox em metades. Essa é a verdade da xerox.

Sessão de 17 de outubro de 1978 – "Uma mosca no leite"

"No começo do século, em Nova York, morava uma senhora chamada Mellien. (Está lento, para elaborar a história.) Tinha como bichos de estimação: Pinóquio, Ladrinário, Vradinário, Barba Ruiva." (Emite sons).

Analista: – Os bichos estão fazendo barulho?

Mário: – Não, estão com fome. (Novos barulhos.)

– Eles caíram. Ladrinário, queira fazer o favor de se levantar! Esses idiotas tomaram todas as garrafas de refrigerante. Aí vivia uma mosca chamada... Velha, chamada Barba Velha. E ela conviveu com ela muito mais tempo do que os bichinhos de estimação. (Novos barulhos!) Vamos, tome o leite! Quem chegar primeiro, fica mais forte. O Barba Ruiva ganhou! A Barba Velha tentou voar no copo de leite, mas no fim acabou, como era velha, caindo dentro do leite, aí a língua do Ladrinário pegou e pôs pra dentro, e aí sentiu o gosto amargo e... uuuuuh!

– Vomitou? – pergunto.

– Não, cuspi a "Barba Velha" pra fora. Todos foram dormir e a mosca e o Ladrinário tomaram o resto do leite. Dormindo, colocaram-me numa cesta e foram para longe de Nova York. Adeus! Adeus! (Barulho.) À noite, bem longe de Nova York, tinha dois cachorros: Nixon e York.

Luta, barulhos, gritos compõem um quadro sensorial inespecífico onde se pode pensar em relacionamentos primitivos.

Sessão de 19 de outubro de 1978 – "Diário do homem solitário"

– Era uma vez um homem que morava numa rua do bairro tal, da cidade tal, do estado tal, do país tal, do continente tal, do mundo tal, do planeta tal...

Agora, em pé, inicia a dramatização.

– Eu não engordo porque sou de madeira. Fome. Saudades de Nova York.

A analista pergunta, mas Mário não responde. Deve achar desaforo que eu não entenda. Não pode pedir explicação se não entender. Tem que adivinhar. Esse é o mundo mágico.

"– Onde vamos nos alojar?

– Está vendo aquela casa?

– Tô!

– É só passar por esse fio de postes. (Risadas.)

– Vamos salvar. Mas como sair do telhado?

– Ora, é só descer, né?

– Você está bem?

– Estou bem! Não precisam fazer nada por mim, estou bem.

– Nossa, quanto fantasma feio! Fui eu que coloquei esses quadros famosos, mas, no fim, tive que comprá-los."

Analista: – Compreendo, Mário, que você fala de sua mente e que "se sentiu obrigado" a construir histórias para ficar dentro delas.

Mário: – Estou com fome!

– Eu também.

– Ladrinário dorme tanto que até come.

– E você, Barba Ruiva, não está com sono?

– Não! Estou com fome, sem comida, não durmo.

– Perigo! Pinóquio e Ladrinário! Escondam-se! (Aos gritos.) Mário a ignora

A.: – Qual é o perigo? Parece-me que é não comer, morrer de fome! Você me põe num estado de sono e depois me assusta com a violência dos seus barulhos. Você quer que eu esteja dormindo quando você quer. Você me põe longe, no gelo, e, de repente, tenho que vibrar, suportar barulhos, passar rapidamente de um estado a outro.

– Pronto! Podem sair, o perigo acabou! (Pede para ir ao banheiro.)

Sessão de 20 de novembro de 1978 – "Era uma vez uma vovó com cinco netinhos"

"Um deles era o Polegar, que era aquele neto alto, gordo. Outro neto também alto era o Indicador, era magro e só indicava aos outros e era muito inteligente. Depois tinha o médio, o mais jovem, chamado Médio, o peso era mais ou menos..."

Analista: – Você está falando da sua mão.

"Já o outro, bem mais jovenzinho, era o Anular. Era também um pouco baixinho, magro e anulava todas as coisas erradas. Bem pequenininho era o Mingo, era um bebê bonitinho, chorão e, de hora em hora, precisava daquela mamadeira. Eles moravam na Rua da Palma, número sobe e desce, Bairro do Pulso, subdistrito do Braço, e a cidade se chamava Corpo. Lá também vivia um homem muito mau, que só queria estragar a vida deles, inclusive a cidade. É o Super Mau-Mau. Um dia, eles estavam espiando tudo de lá de cima do telhado da casa e falou assim:

– Vou matar esses cinco netinhos para satisfazer a minha fome!

Aí, os quatro, o Minguinho estava fora da jogada porque era bebê, e o bandido queriam matar o nenê, o Minguinho, e depois, se desse certo, iam matar os outros, senão 'Nééééée...' (choro de nenê).

– Cala a boca, nenê idiota, senão seus irmãos vão descobrir!

– Pare em nome da lei! Mãos ao alto! Você está preso por quase matar uma criancinha.

– A cadeia fica na própria casa? Então deve ser coisa do intrometido do Médio (dedo).

(Cochichando, ele diz que vai pegar a chave para matar esse nenê estúpido.)

O nenê fugiu; telefonar para a polícia.

– Alô, estão querendo matar um nenê, é meu irmãozinho.

Policiais vasculham a casa, o ladrão não quis abrir, então a porta do quarto foi arrombada. E era cedo, deu jeito de salvar, porque o Médio, o Indicador, o Anular tinham amarrado o ladrão.

(Ele me responde, quando indago, repete quando não entendo. Está satisfeito com a dramatização, que é um tanto elaborada e fluente, mexe os braços em balanços enquanto dramatiza.)

O bandido vai para a cadeia; afinal, quase matou uma criança. Vai ficar a vida inteira, até morrer! (Castigo para o bandido.)

– Agora estamos livres do Super Mau-Mau. Obrigada, meus netos, vocês fizeram um bom trabalho."

Sessão de 27 de novembro de 1978 – "História do malandro sem sorte"

"Uma senhora tinha cinco netos: Polegar, Indicador, Médio, Anular e Mínimo. Eles enfrentaram uma aventura para acabar com um homem mau que tinha naquela casa. Depois, um dia, entrou na casa deles um malandro chamado Pernicioso. Era o maior malandro da cidade e o mais procurado do país. Ele não tocou a campainha. Ele sacudiu o portão. Ele falava assim: – Abre esse portão que eu quero entrar. – E repetia muitas vezes. Aí, a avó veio e abriu o portão para ele.

Um dia, quando ainda estavam com aquele malandro, falaram:

– Hoje é o dia de você limpar a mesa.

– Eu não quero, quero deixar a mesa suja, não quero ser escravo de ninguém.

– Malandro só tem tamanho, só comeu, cresceu, mas é mal-educado e um dia ele vai ver só.

De noite, de tarde, (o malandro) preparou um refrigerante venenoso pro nenê. Acordou o bebê de noite e falou:

– Está com sede, nenezinho? Tome isso. Fará bem para a sua saúde.

Vejam! O homem está tentando matar o nenê com o veneno, vamos.

O Polegar, que já tinha descoberto tudo, telefonou para a polícia, que veio logo. A avó repetiu:

– Enfim, o malandro foi preso. Enfim, mais um bandido foi preso pelo indicador, Polegar, Médio e Anular."

(O Mínimo era o nenê. Eu lhe digo que ele fala do que imagina fazer quando, com muita raiva, se sentir por fora; eliminar o nenezinho, que é o culpado de ele se sentir assim. Mas, ao mesmo tempo, ele se sente culpado de pensar essas coisas).

"Rua do Sobe-e-Desce, número que ninguém conhece, Bairro da Indecisão, Subdistrito da Fome, Administração Regional da Solidão, Distrito da Guerra, cidade de São Paulo. Nasceu no dia 'não sei o quê do não sei o quê lá, de 1963'. Oswaldo D'Amato Júnior. Rua Zigue-Zague, número do poste, Bairro do Sacomã, Subdistrito do Ipiranga, Administração Regional do Ipiranga, Distrito Ermelino Matarazzo, cidade de São Paulo."

Sessão de 20 de dezembro de 1978

"Continua a história do cachorro bobo. Hoje, sétima parte. (Mário está contando a história do cachorro, rindo e misturando o cachorro com vida de gente.) Cachorro foi na escola; confusão! (Porque perceberam que é um cachorro e o mandaram embora). Agora, cachorro foi ao parque de diversões. (Continua cheirando.)

Agora, na parte nova, o cachorro vai para um estádio de futebol 'com cheiro de carniça'. Socorro!

A.: – (Quanto medo, mas, afinal, o que esse cachorro está fazendo?

Mário: – O cachorro está fazendo uma porção de safadeza.)

Agora pegou o apito do árbitro (e berreiro e barulho etc.). O árbitro ficou hipnotizado com o barulho. Agora, o cachorro vai lá para o cemitério. Agora, foi no restaurante e pegou a pizza que o cozinheiro estava fazendo. Todo mundo ficou em pânico! Aí, foi na praça onde as crianças estavam jogando bola."

A.: – Mário, você é o cachorro? É assim que você se sente? Como esse que incomoda, assusta, faz confusão, remexe?

Mário: – Agora chegou o inverno, o cachorro com fome e sem abrigo.

A.: – Agora vêm as férias. Você sem vir para cá.

Mário: – Com fome, achou lata de lixo e aí caiu nela e morreu. Aí acharam o cachorro morto. Fim da história.

Sessão de 26 de dezembro de 1978

– Boa-tarde – estende a mão.

Deita-se, a fisionomia mais tranquila. Até esboça um sorriso. Após um silêncio, ele me perguntou se nessa sexta-feira vai ter sessão. É uma alusão à interrupção de uma semana no Ano-Novo, que só ele vai viajar, e eu tenho reposto alguma sessão às sextas-feiras. Eu digo que não, que vamos até quinta-feira. Ele pergunta:

– E depois? Venho no dia 5, sexta-feira?

– Eu não sei! Você volta de manhã de sua viagem?

– Não, acho que à tarde, lá pelas 4 ou 5 horas, provavelmente.

– Eu vejo, Mário, que você está interessado em saber das interrupções que você vai ter. E quando voltaremos? Será em 12 de fevereiro.

– A senhora vai viajar nestas semanas?

Analista: – Você quer saber se vou ser encontrável, caso você precise?

Mário: – Não, só de curiosidade! – sorrindo.

Analista: – Não, só de necessidade! (Pausa.) Então você está preocupado com as nossas férias, você já teve um período de férias em julho. Já teve uma experiência. Talvez, daquela vez, você teve necessidade de me encontrar e não sabia onde. Desta vez, não sabemos. Já se passaram seis meses.

Até o momento, tivemos praticamente um diálogo, para espanto meu; deitado, ele assume várias posturas com os pés, pernas, corpo etc. Continuamos o "diálogo". Ele agora fala de quando foram as férias de julho. Eu digo que é mais fácil falar do que aconteceu do que conversar sobre seus medos pela aproximação das férias. A sessão progride com pausas e diálogo até o final. Não usa dramatização, histórias, listas. Percebo-o mais presente, menos fragmentado.

Sessão de 27 de dezembro de 1978

Deita-se quieto, olha-me por várias vezes. Digo-lhe que gostaria que ele pudesse falar comigo. Liga o ventilador, mexe, aviso-o para não usar na temperatura quente e ele me escuta. Após um tempo, começa a falar cochichando. "Não entendo", eu pergunto. Mas agora ele está na dele, ou seja, se eu conseguir entender, muito bem, mas ele não tem nenhuma "preocupação" que eu o acompanhe. Ele segue falando:

"Quem tem cuca de pensar, vai a Cuba."

"Quem tem cuca de sol nascente, vai à Argentina."

"Quem tem cuca de mágico, vai a Nova York."

"Quem tem cuca..."

Analista: – Quem tem cuca de dra. Marisa, vai de férias. Quem tem cuca de dra. Marisa, vai aonde quiser...

Ele ri, mas continua com mais um pouco de "quem tem cuca...". Então, para de falar, bate os pés e chuta a parede, marcando-a com seu sapato.

Digo-lhe que essa é uma maneira de falar-me.

Ele passa a fazer, deitado mesmo, uma representação, sem palavras, só corporal e de sons, que comunica algo em progressão até um estouro.

Digo-lhe que ele cria, imagina tudo dentro da sala, enquanto eu vejo um menino que acha muito difícil conversar comigo e manifestar o que sente.

Comentários sobre a supervisão da dra. Vida Maberino de Prego y Silva

A supervisão da dra. Vida Maberino de Prego y Silva ajudou-me a esclarecer questões importantes acerca das defesas obsessivas de Mário e seu controle sobre o objeto que levantava uma muralha entre ele e eu, na qual eu tinha que encontrar frestas para me comunicar com o núcleo mais vivo de Mário. A supervisora compreendia minhas emoções contratransferenciais e minha busca incessante de contato usando abordagens ou mesmo estratégias não utilizadas habitualmente no trabalho com crianças neuróticas. Era enorme o pedido emocional para conseguir permanecer na posição analítica, pois esta parecia ser ineficaz para o trabalho com Mário.

Nessa época, eu acreditava que as defesas autísticas eram originadas de um "desacerto relacional", das primeiras relações mãe-bebê, e minha balança pesava mais para o lado de uma insuficiente função materna do que de uma constituição desfavorável da criança para a relação objetal. Suspeito que essa crença tinha como base a velha e conhecida tendência dos terapeutas menos experientes se identificarem com a criança danificada por genitores insuficientes ou perturbados do que assumir uma posição equidistante e observar a relação. Com o prosseguir da formação e de uma análise bem-sucedida, aquela tendência acaba cedendo lugar para uma visão mais realista da relação mãe-bebê ou pais-filhos.

Não é preciso muito para mostrar ao leitor, e, para tanto, há uma profusão de relatos sobre minha atitude e intervenções, que visavam buscar, à exaustão, significados das condutas de Mário que pudessem ir abrindo brechas para avançar além das defesas e "tocar" o self-bebê soterrado, para conseguir uma comunicação e uma relação mais viva.

Nesse ponto, já havia me convencido de que apenas trabalhar apontando a forma de se relacionar comigo era insuficiente.

Já comentamos neste capítulo que suas histórias iniciaram como vozes bíblicas e foram adquirindo conteúdos mais claros e alusivos à sua condição, às fantasias acerca de sua perturbação e das causas de sua perturbação. Veja, por exemplo, a série Pinóquio em "O dr. que fazia a gente de bobo", "Violino dos milagres" ou "Filho de Deus" ou "A verdade da xerox". Em outras histórias, ficava mais clara a situação emocional presente na relação comigo, como, por exemplo, na sessão "Diário de um homem solitário" ou "A cuca vai pegar".

Terceiro semestre de análise: 1979

No retorno após as férias, Mário mostra intensificação de suas defesas. Fala em forma de cordel, por exemplo: "Análise da Segunda Guerra" e "Análise da Morte de Getúlio Vargas". Cochicha deitado no divã. Ressente-se muito de mudanças de horário que têm que ser efetuadas por necessidades escolares dele e comodidade da mãe. Nesse período, ainda em fevereiro de 1979, fala seguidamente de fronteiras entre os estados. Digo-lhe que, assim, ele se reassegura de que sabe onde termina ele e começa a analista, uma necessidade talvez vinda da separação das férias de verão. Fala, por fim, de seu estado e do que tem em seu estado: "Tem relações exteriores, tem animais, tem pessoas etc.". E conclui: "No meu estado tem morte".

Em outra sessão, fala de amigos e colegas que morreram: um de acidente, um de infarto, um de atropelamento, um de afogamento, uma moça foi assassinada e sobraram Mário e Sílvio. Passa o tempo deitado falando, fazendo listas, enquanto o corpo se movimenta com os pés na parede, chutando a tomada. Ao levantar-se, liga e desliga o "Bom Clima", o interruptor, abre e fecha as portas dos armários da sala. Tais condutas parecem expressar um ir se apossando e controlando o objeto-sala-analista.

No entanto, aos poucos, ele vai expressando diretamente seu ressentimento por ter sido deixado nas férias. E, na sessão seguinte, tenta negar sua dependência até que me aceita novamente.

Sessão de 12 de fevereiro de 1979 – "Quero voltar a ser seu amigo"

Cumprimenta-me e senta-se. Os pés estão sujos de barro e vão marcando o chão e o divã. Deita-se e encosta os pés na parede e toca nas tomadas.

Mário: – Neste ano de 1979, vou vir só uma vez para a terapia? Ou, a exemplo do ano de 1978, venho quatro vezes por semana? Segunda, terça, quarta e quinta-feira?

Eu vou escutando interessada no que ele quer expressar.

Mário: – É que todo dia, todo dia!... Agora na escola não fico mais naquela classe. E, como eu saio antes, não acompanho o inglês e a psicomotricidade. E ninguém sabe. Não dá tempo de dizer que venho para a terapia.

A.: – Hum!!

M.: – Hein, Dona Marisa? Você não acha que uma vez por semana está bom? Que também não dá para ter compromisso nenhum, que todo dia, que tem que vir e quando chega na sexta-feira, estou exausto e não quero ir para canto nenhum. (Agora ele começa a definir melhor sua queixa, que é um sacrifício vir para cá.) E é longe! Cheio de caminhões e ônibus! Uma merda de caminhão fica na frente soltando fumaça! Eh!!! Tô cansado de ser corredor amador, anônimo.

Eu falo que ele está com queixas de mim, que eu o obrigo a vir, e ele vem por minha causa. Ele ainda está deitado, de frente para mim, falando e, agora, vira-se para não me ver e não me ouvir.

M.: – E agora tem que ouvir esses negócios, esses, esses... O que você fala é negável, vem da filosofia, hein? Não serve. A psicanálise vem de um filósofo alemão, sabia? E me parece até que não é aceito na Espanha. É baboseiras! É idiota! É.

Ouço-o surpresa pelo desenvolvimento que teve e lhe digo que ter vindo tantas vezes o ano passado está lhe servindo agora para dizer o que pensa a meu respeito e a respeito da análise.

M.: – Chega! Você está cheirando a óleo, soltando fumaça. (Tiros.)

A.: – Como aqueles caminhões?

M.: – Você devia ficar presa atrás das grades.

A.: – É o que você acha que precisa para sentir que me controla; que o que te angustia é que eu não sou você, mas você precisa de mim, e eu não estou e eu fico uma "fumaça ruim" e agora você tem de soltar...

Ele começa a cuspir, chuta coisas da sala, dá murros e me bate, e daí centraliza na boca os urros de apavorar "mamá, mamá, má", e eu o acompanho repetindo os sons: "kiká, bá, bó".

Eu digo que o "nenê-mamá" está furioso.

Ele se deita, parece vazio, digo que espera que saiam todos os seus "mamás", "kikás" pela boca, sente-se vazio (dos "mamás") como um saco vazio, mas vê que eu estou aqui.

Após uma pausa, ele se levanta e diz:

– Dra. Marisa, quero voltar a ser seu amigo, vamos ser amigos – e me estende a mão. Digo que ele me destruiu dentro de si, foi capaz de me consertar quando percebeu que eu permanecia ali com ele. Termina a hora e, antes de sair, ele limpa toda a sujeira do barro.

Sessão de 22 de fevereiro de 1979 – Quinta-feira

(A próxima sessão será na quarta-feira por causa dos feriados do carnaval.)

Nessa sessão, quando vou chamá-lo, entrego os horários por escrito à mãe. A mãe avisa que ele passou para meio período na escola. Então, gostaria de horários no início da tarde por questão de conveniência, de distância etc.

Eu não tenho, nem vou ter proximamente. A situação que se cria é de desconforto, pois a pergunta no ar seria: "Então, como fazer para dar continuidade, preservando os mesmos confortos de agora?"

Mário não queria passar para meio período. Bom! Vamos começar a sessão e pensamos nos horários depois. Dirijo-me até a sala, convidando o Mário. Ele não quer entrar, está chorando. Sinto que a situação provocou muita ansiedade e está muito "no ar". E os horários precisam ser revistos com a mãe, para dar a ela as possibilidades reais para pensar. Então, chamo a mãe para o consultório ao lado (sala de adultos).

Mário não quer vir junto. "Não estou com vontade." Eu estudo algumas possibilidades e, inclusive, indago a não aceitação de Mário. Se foi necessário mesmo etc. Enquanto estou com a mãe, ele decide entrar na sala de crianças.

Quando entro, ele está deitado (em posição analítica, o que não é habitual, pois costuma deitar-se ao contrário).

Primeiro, olha para mim com ânimo, como se tudo estivesse consertado, logo que entro (ele teve oportunidade de me observar o tempo todo enquanto conversava com a mãe e não sei quais fantasias fez). Em seguida, chora como quem se lembra de repente de algum desgosto, de algo insuportável, de uma perda. Acalma-se novamente. Falo que estou com ele, se isso o ajuda. Ele se aquieta de novo. Por longo tempo e novamente, começa a soluçar e se acalmar logo após. Suspira: "Ai! Ai! Ai!".

Quando termina a sessão, ele sai como um robô que vai se articulando nas juntas. Parece "desarticulado", em pedaços.

Nesse período, após a volta das férias e a mudança de horários na escola e na análise, intensifica-se sua resistência ao contato e ele passa a falar o tempo todo da sessão como repórter. Nega minha presença; o noticiário é para o mundo.

Sessão de 7 de março de 1979

Mário: "Continuamos o de ontem."

"México tarde demais."

"Conflito entre..."

"Greves..."

"Eleições não derrubam..."

"Os assaltos aumentam..."

"Ameaça da febre negra..."

"Quebrar os acordos..."

"X recebe Y com muita satisfação..."

"... A paz ainda não vem..."

"ONU. Cresce a guerra..."

O que se entrevê no meio de tanto palavreado, que estaria camuflando uma fantasia... Ao terminar o noticiário, despede-se e deita-se. E começa a apertar os botões que controlam o "vento" do "Bom Clima".

Deitado, continua lembrando-se do que acontece das 8h às 9h, das 9h10 às 9h30, português das 13h às 14h etc. Das 14h45 às 15h30? (o horário da análise) até terminar a hora.

Nota: minha impressão é que este falar é mesmo uma defesa, no sentido de se agarrar a algo bem conhecido dele. Talvez seja um objeto sensorial, a fala, como um objeto autístico descrito por Tustin?

Sessão de 15 de março de 1979

Analista: – Eu começo. (Ele não deixa.)

Mário: – Quietinha, lá.

A.: – Mas eu preciso falar.

M.: – Depois, depois...

A.: – Ontem, você não deixou nenhum espacinho para mim, entrou e saiu falando. Você entra com a proteção de sua história e eu sou alguém que te apavora, e que você só aguenta se eu ficar quieta e parada. Acha que eu vou te engolir?

M.: – Já posso ficar muito mais tempo com você. (Cantando e sorrindo para mim.) Nossa vida agora vai mudar, já posso ficar. Agora pode falar.

A.: – Já falei. Tanto é que você ouviu e ficou mais tranquilo. Já não está tão perseguido.

M.: – Ribeirão Preto, 2 quilômetros. Araraquara, 3 quilômetros. X, Y quilômetros.

A.: – Mário sabe tudo. Mário sabe todas as distâncias. Mário fica angustiado com a distância entre ele e a analista. Não sabe qual é. É colado? É tão distante que nem escuta? Qual é a distância entre ele e uma pessoa qualquer?

Ele se aquieta, ouve, aí muda.

M.: – Av. Vieira Campos, Heitor Penteado, Rua Aurélia, Rua Roma, Rua Guaicurus, Ponte da Lapa, Praça Franco Zanella, Ponte do Piqueri, Retorno Otaviano Pereira e...

A.: – Ou seja, você vai percorrendo o caminho de ir embora e o caminho de voltar, entre a sua casa e o meu consultório. Assim, você dá por sabida a distância entre sua mente e a minha? (Falo isso e ele continua.)

M.: – Jogo de futebol: São Paulo – 2x2; Palmeiras – 3x2 etc.

***

Como mostrado nesse relato, em março de 1979, Mário introduz outro mote: listar as distâncias entre cidades, dando a quilometragem entre uma e outra. Eu falo que ele quer saber a distância entre ele e a analista, e ele passa a falar o caminho de ida da casa dele ao meu consultório e vice-versa. Em 16 de março de 1979, aviso-o sobre uma entrevista que os pais solicitaram, da qual ele está convidado a participar. Mário não dá respostas, faz sinal com a mão para não interromper e passa a falar das distâncias entre o Rio de Janeiro e Fortaleza-Aracaju-Teresina etc. Mostro-lhe que, desse modo, sente-se seguro por saber o rumo, que talvez o tenha perdido ao lhe falar da entrevista. Passa a falar, então, de certames amistosos entre: piauienses e mato-grossenses etc. Penso ser a resposta dele ao aviso da entrevista que terei com os pais.

Nota: na entrevista, os pais comentaram uma fase de violência de Mário, suas queixas hipocondríacas (dói aqui e lá). Está mais sensível a frio e calor. Continua falando no quarto sozinho. Nunca brincou, nem com o irmão. Gosta de anúncios de TV, não de filmes; de algumas novelas. É solicitado por eles a representar o adulto que tem conhecimentos.

Sessão de 28 de março de 1979

Mário: – Ainda o substituto está em meu lugar. Mas para o Mário finado voltar, é preciso passar um pó nas costas. (Essa é a história que Mário faz, após a entrevista com os pais.)

Mário (outra voz): – Estou esperando crescer, recorto o boneco marionete, e de dentro vai sair.

Mário (terceira voz): – O problema é que você não brinca com a gente, você é rabugento, mas a gente gosta de você.

– Mário, Mário!! Que bom que você voltou! Você era uma graça. O Sr. Edgar se arrependeu de roubar o laboratório dos outros, de ser inquilino.

Sessão de 30 de março de 1979

Mário lê em voz alta uma revistinha infantil. Está de relógio, nega minha presença, mesmo após ter me cumprimentado e apertado minha mão. Está menos ansioso que o habitual. Porém, os movimentos corporais são na minha direção, de busca de contato físico, com o pé, por exemplo, enquanto continua lendo revistinha o tempo todo.

Devo aguardar, apenas lhe dizendo que ele mantém distância? Ou devo tentar sugerir que a angústia ao contato é grande? Se o interrompo, ele não me escuta, continua lendo alto.

Analista: – Eu tenho que me sentir totalmente sem ter o que dizer aqui dentro. Eu tenho que sentir que não tem jeito de ter contato com você. Eu tenho que sentir que fico à mercê, esperando uma hora que você queira ter contato? (Eu penso: sim, analista, você tem que analisar para ele o que ele está fazendo com você pelo medo de sair do controle e te destruir.)

Mário se levanta e, no meio da sala, balançando os braços, diz: – Precisamos pegar o monstro. Uh! – faz barulhos de monstro.

Madame Min (outra voz): – O monstro nasceu o mês passado, não foi? É, então ele morrerá hoje – agora está se agitando cada vez mais.

M.: – O monstro era feito de massa de vidro? Ah! O mago fez essa transformação. Xi! Eles descobriram, e agora? Tenho que preparar outro monstro.

A.: – Estou pensando que o monstro é a violência, os gritos, a agitação que sai de dentro do Mário.

M.: – Viva o Mickey, salve o herói! Temos uma surpresa para vocês. O monstro era feito de massa de vidro, que de um pequeno pedaço transformou num monstro gigante que deixou todos assustados.

M. (outra voz): – As bruxas estão chorando por causa do monstro.

Nota: a satisfação de poder viver todos os papéis é grande. Papéis de assustar, de descobrir, de estar sabendo...

M.: – Então, saíram da massa, mas não saíram das algemas... O Mancha e o mago estão nas celas presos.

Sessão de 4 de abril de 1979 – "Donzela maldita"

Chega quinze minutos atrasado. Não responde ao meu cumprimento, senta-se e pergunta quanto está atrasado. Eu digo que ele sabe que está atrasado e pergunto se foi ele que atrasou.

Ele fala "Boa-tarde", respondendo ao meu cumprimento da entrada. Faz caretas como quem quer dar risada e acha tudo uma bobagem. Mostro-lhe a atitude. Levanta-se e, no meio da sala, irradia uma lista que vinha falando ontem quando acabou a hora: o Fulano de tal, que em 1980 estará formado, Beltrano de tal etc.

Eu exclamo: "O quê?". Ele fica irritado com a interrupção e reage batendo-me. Evoluímos para uma luta dramatizada durante a qual ele me chama de donzela maldita e me mata várias vezes. Diz que tem que dar fim a mim porque fico entrando no bosque dele!

Eu digo que ele sentiu isto, mas que não é assim; eu o estou convidando a "ficarmos na praça"; a praça não é de ninguém. Ele pode ficar com seu bosque, assim como eu com o meu, ninguém vai invadir ninguém. Ele invoca o Sancho para salvá-lo da donzela maldita. Por fim, ele se deita e cantarola uma música, parecendo de igreja: "Quando converter seu coração, a cor da água do mar vai ser diferente".

Sessão de 9 de abril de 1979 – "Dona Maria, me dá uma pinga"

Deitado em posição analítica, Mário faz barulhos de várias vozes e de trombadas! Dá chutes na parede, movimenta-se, estica-se, mas não são dirigidos a mim. Digo-lhe que está experimentando "ser", manifestando seus "barulhos". Desliga o ventilador. Inicia uma operação de números: 5 juntando com 1, 2, 3 e 4 dá 12345, e 6 juntando com 1, 2, 3, 4 e 5 dá 123456 etc.

Digo-lhe que assim se alivia da angústia de não saber o que dá "juntando ele comigo".

Ele continua, agora, juntando 1 com 1, 1 com 2 etc.

Falo que quer se juntar para ver no que dá, mas tem medo de que saia um desastre.

Quando termina a "numerologia", tenta dar chutes em mim e fala incompreensivelmente, com a dicção pastosa, como um bêbado: "Ei! D. Maria, me dá mais pinga". É um convite a participar da dramatização. Eu assumo o papel dando-lhe pinga (no como se). Falo-lhe que quer de mim algo para deixá-lo bem tonto, bem sem controle, e disto ele parece estar gostando.

Sessão de 10 de 4 abril de 1979 – "Ele é o diretor"

Sessão inusitada!!!

Deitado, mas em comunicação, vivo, atento a mim. Fala de todos os presidentes do Brasil desde o descobrimento. Convida-me para uma brincadeira.

Primeira: ele é o diretor de uma clínica que tem várias funções. Eu tenho a função de psiquiatra. Quando termina a hora, ele toca um sino e eu devo perguntar: "Por que toca o sino?", e ele responde: "Porque gastou toda a sua hora!"

Aí vem o dia em que me entrega um papel na mão. Eu devo falar: "Por que só isso?" (10 cruzeiros). "Sabe quanto eu cobro?" E ele me diz para falar quanto eu quero cobrar.

Analista: – Minha hora é cem cruzeiros.

Mário: – Tem um cliente querendo marcar com o psiquiatra, mas não pode, já tem um.

Outra brincadeira: agora a analista tem bigode e ele é o barbeiro. Então, ele passa por trás da minha cadeira, faz que pega os apetrechos para cortar meu bigode, mas, antes, embaraça meu cabelo. (Procura contato físico.) A atitude é afetiva. Corta o bigode. Eu vou lhe falando de sua atitude nova aqui.

Ele faz outra brincadeira: ele é faxineiro do exército e eu sou comandante. Ele varre, e varre a sujeira de toda a tropa.

Outra: ele me puxa para o meio da sala. Ele tem uma loja, eu entro e o aviso de que ele fará uma liquidação: em 29, 30 e 31 de março. Eu quero os retalhos, mas preciso de dinheiro emprestado. Ele empresta a 8% de juros ao dia.

Sessão de 25 de maio de 1979 – "Ele dá liberdade"

Mário: – Dra. Marisa, aceito mudar o horário.

Analista: – Muito bem, a partir da semana de 4 de junho, mudamos.

M.: – Você promete não me criticar no futuro e tal e coisa? (Continua a representação, e aí "tem certos animais que precisam de livramento".)

A.: – Liberdade, você quer dizer?

Ele para e deita um instante enquanto lhe digo que ele admite um pouco que preciso de liberdade. Aí ele continua: – Quero o meu cavalo de salto (grita). Não, não quero o rancho, quero o cavalo! (grita)

A.: – Ele está maluco.

Mário está experimentando o máximo de sua maluquice, pois se sente garantido comigo.

M.: – Você fica presa, eu vou para casa. Antídoto para crescer.

O antídoto o está fazendo crescer. E ele vai dramatizando a entrada e a descida do antídoto até chegar à barriga.

A.: – Falo de como se sente, que me pode pôr para dentro, quando confia em mim, de que posso neutralizar seus venenos contra crescimento e, assim, fazê-lo crescer.

Sessão de 30 de maio de 1979, terça-feira

Cumprimento-o com a mão. Retira a mão de dentro da minha, dirige-me para minha cadeira, para que eu fique no meu lugar. Se eu tensiono me levantar, ele me senta. É para eu ficar no meu lugar, escutando-o e olhando-o enquanto ele "representa" voltado para a frente (à porta de saída).

Para ele fazer toda esta representação, eu tenho que ficar quieta, sem me intrometer, sem me opor. Por semanas a fio.

Nota: hoje a novidade é que, quando termina de cantar (discotecas), ele vira ao contrário para ser a plateia e bate palmas, como se a plateia estivesse fora da sala e eu fosse uma parte dele mesmo.

A.: – Mário quer ser gostado, admirado pelas coisas que ele sabe fazer...

Ele continua cantando, parece nem ligar. Bato palmas quando ele termina, mas ele parece não ligar.

M.: – Agora o jornal falado...

Sessão de 1 de junho de 1979, quinta-feira

A sessão inicia assim:

Mário: – Os alemães atacam Colômbia. Os italianos ocupam Peru. Os iugoslavos ocupam Brasil.

Analista: – Mário ocupa Marisa. Protestos!

M.: – Os uruguaios atacam soviéticos.

M.: – Brasileiros atacam iugoslavos etc. etc.

M.: – Os assassinatos dos presidentes da França e da Romênia, Ayatollai, da Iugoslávia e da Polônia.

Faz o jogo do banquinho com os pés (como na sessão de ontem): os pés dele contra meus pés. Manifesta atitude de desprezo e descrédito pelos psicanalistas.

M.: – A rainha Juliana decretou estado de calamidade pública entre socialistas e capitalistas.

Pula muito, olha para mim com evidente prazer na "matança".

M.: – E ficou a rainha Juliana, tentando se debater contra os capitalistas.

A.: – Mário atacou a rainha Juliana-Marisa pela perda da sessão de fim de semana.

M.: – A rainha Juliana, não suportando isto, pediu para ser presa.

A.: – Mário deseja deixar a dra. Marisa presa nesta sala até segunda-feira.

Sessão de 5 de junho de 1979, segunda-feira – "Sonho ruim"

Quer contato físico, toca-me com o pé, olha para mim, luta. Deita-se.

Mário: – Dra. Marisa, tive um sonho ruim...

Levanta-se. Vai falando que teve um sonho e outro sonho. Digo que se sente melhor, que pode falar de um sonho e sabe que é sonho, e agora está acabado. Passa por baixo da mesa e sai do outro lado, onde estou, e entra por baixo da mesa do meu lado. Diz ser um vampiro, que quer chupar o sangue, e mexe nas minhas correntes como querendo "penetrar" na área dos meus seios. Diz que sou prisioneira dele. Ata minhas mãos e não me deixa sair do lugar.

Sessão de 6 de junho de 1979, terça-feira – "Subiu o preço"

Mário, deitado, diz: – Na Venezuela, subiu o preço do melão etc.

Mexendo nos botões do "Bom Clima", diz: – Era uma vez os irmãos Desligado, Mínimo, Máximo. Um dia, um rei muito forte roubou o Médio. E daí uma rainha peluda e com bico roubou o Mínimo. Aí, o ventilador foi procurar o Desligado, e não achava...

Deitado, verbaliza essa fantasia. Então, passa para ação. Em cima do sofá, em pé, desenvolve a história com Mickey e Pateta etc., que era para se salvar da onça má. Horácio conseguiu terminar a casa, mesmo com o perigo da onça má. Aí vai comer. A onça má enche o peito e derruba a casa. Lá se foi outra casa. Eles fugiram e foram bater na casa do Horácio.

Comentários de Donald Meltzer e Martha Harris

Em agosto de 1979, apresentei a Donald Meltzer e Martha Harris, por ocasião de sua passagem na SBPSP, as sessões de 4 de maio de 1978 ("A interrupção"), de 13 de setembro de 1978 ("A cuca vai pegar"), de 21 de setembro de 1978 (Pinóquio em "O Dr. que fez muita gente de bobo"), de 3 de outubro de 1978 ("Verdade da tarde") e de 12 de setembro de 1979 ("Quero voltar a ser seu amigo").

Os comentários foram que as histórias podem ser verbalizações acerca do estado mental dele quando ele se retirou. São objetos autísticos nos quais ele está viciado e são uma defesa contra o pensamento e contra as emoções. Quando apresenta sua parte adulta – a marionete –, o bebê desaparece. Contudo, as histórias são importantes como comunicação, e delas pode-se extrair material para se comunicar com ele. É preciso procurar momentos da sessão em que esteja presente a criança pequena e amedrontada para intervir. No entanto, é preciso interrompê-lo quando a analista tiver o que dizer. Ele está ligado à analista de modo a sentir-se contido como numa pele. E ele identifica que o que necessita é o equipamento que a analista usa para pensar. Ele usa de identificação adesiva, protegendo-se de sentir-se separado toda vez que não conta com um objeto interno. É a dificuldade da criança autista de formar um objeto tridimensional que permite a introjeção e a projeção.

Os supervisores mencionaram, por fim, o livro *Exploration in Autism*, escrito após experiência de dez anos de um grupo de terapeutas da Tavistock sob supervisão de Meltzer, para um aprofundamento do conhecimento da mente autista e da organização pós-autística.

Notas do final do primeiro capítulo

Para uma jovem analista em final de formação na SBPSP, iniciar a análise desse menino com o comportamento mencionado foi um desafio. Podem-se notar, nesse primeiro período, as tentativas de estabelecer contato com Mário como se fosse uma criança com defesas neuróticas. As supervisões da Dra. Vida fizeram-me compreender a natureza de suas defesas obsessivas, a busca de disfarces e confusões para esconder o que tem valor, e as transformações puberais ocorrendo em uma personalidade que tinha sofrido uma parada no desenvolvimento emocional.

Pode-se notar, no entanto, por meio dos fragmentos de minhas anotações, que a exteriorização de Mário levava-me a pensar estar diante de um enigma que, a cada sessão, devia ser desvendado. Pude seguir com alguma frequência a situação transferencial, ou mesmo aspectos de suas histórias que pareciam comunicar de forma disfarçada o que ele queria falar diretamente. O self-bebê de Mário aparecia na linguagem pré-verbal. A linguagem verbal era usada para tiranizar o self-bebê, que, na transferência, era a analista.

Senti-me pouco equipada para compreender a estrutura e o funcionamento de sua personalidade, e a supervisão do Dr. Meltzer e de M. Harris em agosto de 1979 abriu-me caminho para conhecer os últimos estudos em autismo. Esse contato possibilitou-me continuar supervisionando o processo analítico de Mário tanto por correspondência como em minhas idas a Londres. O segundo capítulo irá ilustrar esta mudança de rumo em meu trabalho com Mário.

2. A conceituação atual do autismo e do pós-autismo: as primeiras supervisões de Donald Meltzer

Durante o quarto semestre da análise, fui me inteirando do referencial usado por Meltzer para compreender a estrutura mental de Mário. Meltzer recentemente havia concluído sua investigação sobre os estados autísticos, publicando seus resultados em *Exploration in Autism* (1975). A compreensão do material – que eu lhe enviava ou lhe apresentava pessoalmente, e que o leitor terá oportunidade de ver a seguir – mostrava-me um trabalho na sala de análise como nunca havia visto.

Embora ele afirmasse que a técnica analítica para analisar crianças como Mário fosse a mesma, eu encontrei dificuldade, no início, em me situar numa compreensão tão profunda acerca do processo analítico em curso. Na verdade, as dificuldades que experimentava eram fruto de uma formação ainda insuficiente para fazer teorizações a partir da clínica, usando os conceitos introduzidos por Melanie Klein e amplamente comentados e ampliados pelo próprio Meltzer.

O que eu conhecia do autismo até então

O mundo mental do início da vida é caracterizado pelo domínio das sensações e vem sendo investigado por vários analistas, entre eles Francis Tustin e Donald Meltzer, por meio da análise de crianças psicóticas e autísticas, e da observação de bebês por Esther Bick.

Este é o período da vida em que o bebê não percebe que está separado da mãe. Segundo F. Tustin, para o recém-nascido, todas as experiências são para "eu", sendo que o "não eu", o mundo externo, é experimentado em termos de "eu". É um estado em que as sensações predominam e os modelos inatos, como o de sugar (inicialmente o mamilo), conduz a sugar dedos, punhos, xales, chupetas que dão sensações semelhantes. Nesse estágio, a criança não distingue entre sua própria boca e o mamilo-seio que é experimentado como um conjunto de sensações. A língua, sentida como um mamilo na boca, produz uma sensação equivalente ao do mamilo na boca, e é um dos primeiros objetos autísticos. Quando o recém-nascido é afetado em seu estado de "eu", os objetos autísticos são usados para impedir a entrada do desconfortável "não eu", pois seu contato produz sensações satisfatórias. Este é o uso normal dos objetos autísticos.

Uma mãe deprimida ou insegura não consegue manter firmeza para ir tirando o bebê do "deleite ilusório" com seus objetos autísticos e ir trazendo-o para o real prazer e satisfação com o peito. Somente quando o bebê é tirado desse "deleite ilusório" é que ele vai aprendendo, aos poucos, que está separado corporalmente da mãe. Ao fazer um uso excessivo de objetos autísticos, o bebê priva-se de experiências reais de confrontação da fantasia com a realidade, com consequente atraso em seu desenvolvimento mental.

Um bebê cuja mãe não vai ao encontro de suas necessidades, que o deixa exposto a estados sensoriais muito desagradáveis que ameaçam a sua integridade, usará como recurso agarrar-se às sensações agradáveis que o contato físico com os objetos provoca, prolongando, assim, seu estado narcísico ("eu"). Tustin dá o exemplo de David, um menino autista em análise que não empurrava seu carrinho ao longo da mesa, nem brincava com ele na sala como crianças normais ou neuróticas poderiam fazer, mas o mantinha apertado na palma da sua mão, chegando a fazer uma marca. Peter carregava um chaveiro com várias chaves que não serviam para abrir portas ou armários, mas era usado apenas para ser segurado. Visto pelo observador, o carro e o chaveiro eram sem uso e sem sentido, mas, do ponto de vista da criança, eram essenciais. Os objetos autísticos em geral não são acompanhados por fantasias e, se houver fantasia associada ao seu uso, ela é muito próxima à sensação corporal. Isto porque o objeto autístico não representa algo ausente, mas sim presentifica-o por meio da sensação produzida pelo contato. Os objetos autísticos podem ser substituídos e, se perdidos, repostos sem pesar.

A captação sensorial de uma criança autista mostra que ela não diferencia claramente as diversas modalidades sensoriais; visão e ouvido, por exemplo, podem ser experiências táteis – de estar sendo tocado pelo objeto. Palavras com o mesmo feitio são sentidas como semelhantes, assim como objetos, sons, ilustrações; cantar *jingles* ou repetir histórias podem também ser usados com finalidades autísticas. Para crianças autistas, os objetos autísticos não representam seus sentimentos, mas são partes presentes de objetos, pois seu uso não deixa "entrar" qualquer sentido de falta. A pseudoproteção desses objetos, na verdade, impede a criança de entrar em contato com o cuidado humano que poderia ajudá-la a modificar o terror do aniquilamento. Seu uso constante mantém um estado primitivo de modelos congênitos elementares pouco modificados pela humanização. Quando a frustração se impõe, as crises de raiva atravessam músculos e veias, e a criança vive estas sensações como uma perda do estado de unidade e como um aniquilamento. Prevenindo-se desses estados emocionais, a criança se agarra ao objeto autístico, afasta-se da experiência e não aprende a lidar com a "irritação" corporal e mental de uma maneira pensante. Isso muda a visão que habitualmente se tem destas crianças que parecem não sentir e não ter medo. Na verdade, há um terror tão grande que não pode ser expresso. Isso necessita ser colocado em palavras pelo terapeuta, que apoia a criança no sentido de experimentar isso.

O trabalho clínico com crianças autistas de um grupo de psicanalistas de orientação kleiniana sob a supervisão de D. Meltzer evidenciou algumas modalidades de funcionamento mental das crianças autistas, que são: uma forma especial de dissociação que Meltzer chamou de "desmantelamento" (*dismantling*), uma falha notória nas categorias de espaço e de tempo, uma utilização arcaica dos mecanismos obsessivos e o fenômeno da "desmentalização" (*mindelessness*), que se pode considerar como o caso extremo de "desmantelamento".

Essa concepção do estado autista surge da observação psicanalítica em seu campo específico, à transferência, e alcança uma importante confirmação indireta ao estudar o "desmantelamento" nos estados pós-autistas.

O autismo é um tipo de atraso no desenvolvimento que sobrevém em crianças de grande inteligência, boa disposição e alta sensibilidade emocional, quando enfrentam, no seu primeiro ano de vida, estados depressivos da figura materna. Isso leva a criança a angústias depressivas intensas no momento em que carece de cuidados da figura materna para compartilhar e modificar "esse dilúvio de sofrimento mental".

Se a resposta à privação de objeto é drástica, concorda com uma notória predisposição obsessiva, ou seja, leva a uma tendência a enfrentar a ansiedade com fantasias de controle onipotente dos objetos. Empregam um tipo essencial de mecanismo de dissociação com que desmantelam seu eu em distintas capacidades perceptuais: tocar, cheirar etc., e, com isso, o objeto, em lugar de ter um "sentido comum" (Bion, 1962), reduz-se a uma multiplicidade de eventos unissensuais, nos quais o aspecto animado e o inanimado são indiferenciáveis.

A oscilação da experiência do objeto de "sentido comum" e a experiência do objeto "desmantelado", e mais o fator da falha relativa da disponibilidade da mãe, interferem na evolução do conceito do espaço interno tanto no self como no objeto, empobrecendo, então, os processos introjetivos e projetivos. Em consequência, o eu tende a permanecer num estado primitivo de fusão com seu objeto externo, mediante uma fantasia de aderir-se (Bick, 1968), o que produz uma forma altamente narcisista de identificação e aumenta a intolerância à separação. A natureza primitiva do eu, a qualidade pouco comum das ansiedades e a oscilação entre estados autistas e integrados criam um quadro bastante confuso.

À medida que os pacientes se recuperam ou melhoram, esse quadro se vê substituído por outro, que é uma mistura de imaturidade e traços obsessivos. Nesse cenário de "acontecimentos", podemos entender o mutismo.

A dificuldade nos processos de introjeção pelo fracasso em formar o conceito de espaço interno favorece o fracasso no desenvolvimento da linguagem, porque os processos de identificação com os objetos falantes estão detidos. O tipo adesivo de identificação narcísica estimula a identificação com funções objetais corporais mais do que mentais. E, mais tarde, quando a introjeção e a projeção são mais operativas, os ciúmes edípicos pregenitais interferem no coito verbal dos objetos internos, deixando-os separados e silenciosos. Isso se agrega à tendência a não vocalizar, mesmo quando a linguagem interna está se desenvolvendo.

As identificações empobrecidas e os aspectos desumanizados dos objetos não estimulam o desejo de comunicar-se, mas sim de apenas contrariar ou despertar a obediência dos objetos e, para esse propósito, gestos e sinais são suficientes.

A supervisão do material clínico apresentado a Donald Meltzer em dezembro de 1979

Sessão de 15 de agosto de 1979

Agitação motora, fala altíssimo. Conta a história de um lobisomem que acorda e precisa tomar providências antes que a lua cheia acabe. Eu interrompo e intervenho várias vezes.

"Não, mamãe! Não quero ir pro castelo! Não quero, não, mamãe!

(Não tem resposta.)

"Aí vem e fala: – Gozado (olhando para o chão como se tivesse um buraco), antes foi José, depois Simão, depois Nastari, e agora Datalo? Vou investigar. Vou!! Ah! Ah! Ah! (risada diabólica) Caiu na armadilha!)"

A analista fala do conhecimento que o está assustando, pois acorda o lobisomem dentro dele. É uma ameaça.

Ele continua a história:

– E foram jogados num túnel, até o centro da Terra. Mamãe! (Ele chama repetidamente e não há resposta.)

Analista: – Ele está só, a mãe não o atende, nem mesmo eu que estou aqui com você, você só com o Lobisomem, só despencando para dentro da Terra...

Mário: – Busca de José... não acham... Objetos montados.

Mário está muito agitado, não dá para entender os personagens e a continuidade da história. A sessão termina.

* * *

D. Meltzer comenta que esse material pode ser entendido como relativo à confusão entre a parte superior e a parte inferior do corpo da mãe (*top and bottom*), das substâncias corporais entre uma vagina que sangra da qual o pênis do pai foi arrancado e um seio sangrando do qual um bico foi arrancado a mordidas. (Pênis e vagina como um conjunto mamilo e peito.)

Em ambos os casos, o buraco como objeto de depressão persecutório suga a criança numa identificação projetiva como defesa contra a dor depressiva e produz um estado de mente como estar perdido dentro de um castelo assombrado e sinistro.

Sessão de 16 de agosto de 1979

Chega cinco minutos atrasado, e eu lhe mostro. Ele me leva até a cadeira para sentar. Depois de um contato no início da sessão, vai avisando, em histórias, que o lobisomem foi capturado, o ouro foi achado e os objetos roubados foram recuperados. Está menos angustiado.

Eu lhe digo que hoje ele está bem comigo, que a ameaça passou e está restabelecido o "caminho" entre nós dois.

Ele abre o armário onde tem revistas velhas e separa as que têm data das sem data (inusitado), tirando-as todas e separando-as em cima da mesa. Deixa tudo arrumado no armário de volta e, por cima de tudo, deixa as sem data, mas pega duas revistas *Manchete* já vistas inúmeras vezes. Eu lhe digo que, vendo o que já conhece, fica seguro de que não vai ter surpresas quando voltar depois do fim de semana.

Ele vê mais um pouco as revistas, aí guarda-as no armário e pede-me para ir ao banheiro. Lá, ele começa a falar (ouve-se da sala) e, ao voltar, continua a falar. Está dizendo: "Áries vai da segunda quinzena de março à segunda quinzena de abril", e assim por diante, todo o zodíaco.

Eu falo que ele está tentando controlar, com o conhecimento do intervalo entre hoje e segunda-feira, a angústia de separar-se vendo um buraco agora à sua frente.

Comentários de D. Meltzer:

> *Aqui você vê-se a criança recuperada de seus sintomas de identificação projetiva relacionando-se com o "em cima" e o "embaixo do corpo" da mãe-analítica. Ele está tentando pôr alguma ordem na sua confusão de como essas duas partes estão relacionadas umas com as outras no tempo e no espaço. A revista representa o que ele introjeta da comida e o que ele tem medo de perder, caindo dele, quando ele está na privada. Os signos do zodíaco representam os objetos parciais mamilo e pênis que põem alguma ordem no tempo e espaço da sua relação com a mãe.*

* * *

Após essa supervisão, ficou claro que o modo como eu falava com Mário não atingia o nível de organização psíquica em que ele estava se movimentando. Assim, quando eu lhe dizia que o conhecimento o assustava, ameaçava como um lobisomem, eu estava querendo me dirigir a um aspecto dele que continha o impulso ao conhecimento e o medo de conhecer.

No entanto, o comentário de Meltzer levava a um nível de organização muito mais primitivo, que corresponde a como ele vivia a presença de uma terceira pessoa, como uma invasão e catástrofe iminente, pelas emoções de possessividade e ciúmes que o faziam "arrancar o mamilo do peito" vivido como intruso e, assim, restabelecer a mútua idealização mãe-bebê.

Ao retomar a leitura do material dessa época da análise e dos comentários de Meltzer, eu me vi fazendo um exercício com o material da sessão anterior àquelas supervisionadas, usando a compreensão trazida por Meltzer. As anotações dessa sessão foram as descritas a seguir.

Sessão de 14 de agosto de 1979

Ele bateu insistentemente na porta para entrar. Eu estava arrumando a sala, após a saída do cliente anterior.

Ele começou dramatizando um programa radiofônico, cantando músicas românticas.

Eu lhe disse que parecia ansioso para me encontrar e agora "me deixava". Ele continuou dando notícias: "O trânsito está atravancado entre tal e tal rua. Há uma colisão de dois carros".

Eu falei que ele parecia não me ouvir, mas o trânsito mental estava se atravancando com a minha presença, ocorrendo choques.

Ele continuou falando, não parou para me ouvir e, em seguida, estava falando de estrangulamentos de casais em adultério no Irã etc. Continuou: "E agora a pesquisa do flagrante".

O material desta sessão parece mostrar fantasias que aludem a choques (entre mim e ele), estrangulamento de casais em adultério (eu com paciente anterior, que deve ter sido visto por ele) e pesquisa do flagrante (eu ocupada preparando a sala); mas essas conexões só foram feitas por mim depois da sessão.

Descrevo a seguir minha hipótese sobre o material da sessão de 14 e 15 de agosto de 1979, posterior à supervisão de Meltzer.

Estar ansioso para entrar na sala em parte continha o imperativo de que era a sua hora, mas muito mais, porque não podia suportar esperar sem ver o que tinha acontecido, ouvindo os ruídos de arrumação que eu fazia na sala. Quando me viu, isso o tranquilizou, e pôde, ao cantar músicas românticas, assumir o papel de parceiro-pai diante da Marisa-mamãe.

Quando lhe fiz ver que tinha me deixado de lado, é possível que ele tenha percebido momentaneamente sua incapacidade para o contato real em contraste com o contato fantasiado.

Apareceu, então, na sequência da sessão, o que seriam seus motivos para evadir-se do contato real: as fantasias de choque, estrangulamento etc., que ele pode ter tido quando batia na porta insistentemente para entrar.

Na sessão seguinte (15 de agosto de 1979), ele veio muito agitado, "pronto para ser jogado num buraco até o centro da Terra" (= buraco produzido por ter arrancado o mamilo-pênis do peito). Ou seja, por ele ter separado, por sua possessividade e ciúmes edípicos, a combinação mamilo-mama (ou pênis + vagina). E, no dia seguinte (sessão de 16 de agosto de 1979), ele apresentou uma reparação maníaca, voltando a restabelecer controle e separação, numa mútua idealização mãe-bebê.

Na revisão do material de Mário para organizar este volume, encontrei anotações de uma sessão que achei interessante incluir no final deste capítulo, para compreender melhor que consciência Mário possa ter de si mesmo, de sua perturbação.

Sessão de 3 de setembro de 1979

Quando vou chamá-lo, aviso a mãe de que, na próxima quinta-feira, não vou atender. Ela comenta que o neuropediatra quer falar comigo, que Mário está agressivo e acha que pode piorar até não conseguir controlar, e então precisaria entrar com mais medicação. Eu proponho um horário para conversar com os pais. A mãe concorda. Ao entrarmos, Mário, que está com o rosto machucado e marcas de Merthiolate, senta-se em minha cadeira – atitude que ele vem tomando há algumas sessões – e inicia dramatização em que ele é professor de mitologia. Fala coisas incompreensíveis, às vezes trechos mais claros. Ao terminar, levanta-se e representa uma crise de descontrole durante a qual ele me agride fisicamente e eu tenho que segurá-lo. Terminada a representação, ele sai de minha cadeira e senta-se no divã.[1]

Passa à narrativa de um tesouro que está escondido e precisa ser encontrado, e Mário é o personagem.

Digo-lhe que estão se queixando de que ele está agressivo e acham que ele é descontrolado como um menino sem inteligência. E que conseguiu aproximar os pais de mim para que eu lhes esclareça o que realmente acontece com ele. Que ele precisa se manifestar e não precisa ser "amarrado" com medicação, mas sim entendido.

---

1 Houve uma sessão em que eu não lhe cedi minha cadeira dizendo-lhe que eu não era um embrulho do qual ele se desfazia jogando-o em outro assento para ocupar meu lugar; ele foi ficando desanimado e não continuou a representação, deitando-se no divã.

Ele mantém uma conduta de quem não está me escutando. Eu me levanto e lhe digo que quero falar-lhe. Ele diz: "Uma parte a senhora já falou". Eu lhe mostro que é difícil saber se ele está ou não ouvindo. Ele escuta e, após uma pausa, aproxima-se de mim, pega no meu pulso e diz, olhando para o meio da sala, onde há um tapete, para eu colocar os pingos no U, dois pingos no U, assim: Ü (ele escreve no papel) e continua falando:

– Ali é o mar (o tapete), dentro tem casa (eu pergunto se está submersa e ele responde que sim), dentro dela tem uma mulher, dentro dela tem um cachorro, que dentro tem um gato, que dentro tem um rato, que dentro tem um queijo. Você corta o queijo ao meio e tem o U com dois pingos: Ü. Aí você divide e fica um pingo: U. Esse pingo eu perdi! Esse é o tesouro que tem que ser encontrado e você vai me ajudar a encontrá-lo!

Respondo-lhe que deve estar ali mesmo, dentro dele.

O quarto semestre de análise

Foi o período em que as dificuldades de falar e ser ouvida se acentuaram, possivelmente porque eu começava a dar mais significados a ele e isso perturbava sua ordem, seu sistema de organização defensivo e abalava o controle onipotente. Quase não havia espaço para mim, ele o ocupava o tempo todo. Eu passei a falar alto junto com ele, e isso provocou uma resposta agressiva, até fisicamente, com a finalidade de calar minha boca.

A esse propósito, Meltzer diz:

> *Isso lhe oferece uma experiência com você do tipo objeto combinado (mama + mamilo, mãe + pai), ambos tranquilizando-o, mas também levantando sentimentos*

> *edípicos. . . . Ele controla e separa onipotentemente os objetos de tal modo que ele nunca vê a mãe em intercurso com o pai. Ele é o pênis que os põe juntos e é o bebê que o pai põe dentro da mãe.*

Então aqui eu vejo que ou ele fala ou eu falo de acordo com uma programação para não haver "contaminação", para deixar bem separado o "dele" do "meu". Quando eu falo interrompendo essa "programação", isso desorganiza aquela ordem, abrindo fendas onde podem aparecer sentimentos edípicos.

Quando se sente muito ameaçado por tais sentimentos, ele desenvolve um movimento contraedípico, fazendo o tempo reversível e fazendo a reparação maníaca da mãe. Isso aparece na sala de vários modos. Por exemplo, ele liga o ventilador, a luz, abre a torneira da pia, abre os armários. Aí faz o inverso: fecha os armários, fecha a torneira da pia, desliga a luz e o ventilador. Nesse caso, o movimento é feito ao nível "das partes da sala" quando são igualadas a partes do corpo-Marisa-mamãe.

Outro modo é realizar o movimento contraedípico no nível das verbalizações, por exemplo: voltando para trás numa lista em números ou em datas. Isso resulta em que o pai se torna redundante e é uma base para mútua idealização do relacionamento mãe-bebê.

Quando Mário se alheia falando para a "plateia", ele me faz o representante dessa plateia e, como comentarista-ator que sabe tudo, impede que o bebê-Mário tenha contato com o seio-Marisa ou diz que ele mesmo é o seio. Esta é a reversão: ele me transforma num bebê que não sabe a diferença entre bom e mau, leite e urina, e ele continua a apresentar-se como um mamilo e urina na minha boca-orelha, até que a minha capacidade de pensar tenha sido destruída e eu me torne sua escrava.

Vinhetas selecionadas

A seguir, relato algumas vinhetas selecionadas do material clínico entre a segunda quinzena de agosto e a primeira quinzena de setembro de 1979.

Eu experimento ser mais intervencionista. Interrompo-o com mais frequência, deixando de estar no lugar que ele me dá na transferência. Ele responde a essa minha mudança com um contato mais direto, chegando à agressão física em algumas ocasiões.

Comentário de D. Meltzer: "Nesse material, ele trará mais uma experiência de objetos combinados com o analista (seio e mamilo, *top e bottom*, mãe e pai), material que é reassegurador, mas que desperta também sentimentos edípicos".

Uma diferente dramatização: ele coloca a minha cadeira deitada no chão e põe entre as pernas desta um banquinho. Ele diz: "É a Marisa invisível". E eu respondo: "E o Mário invisível se coloca encaixado na Marisa invisível".

Comentário de D. Meltzer: Ele nunca vê a mãe em intercurso com o pai, seu desejo é ser o pênis que os junta".

Quando ele abre o armário embaixo da pia, o que ele faz com frequência, digo-lhe: "Tem alguém aí? Invisível?". Ele responde: "Eu estou lá, na porta do armário".

Comentários de D. Meltzer: "E se tornar o bebê que o pai põe na mãe".

Uma sequência de movimentos: ele liga o ventilador, a luz, abre a torneira, as portas dos armários. Então ele faz a revisão desse procedimento, colocando tudo de volta em seu lugar, na ordem inversa exata.

Comentários de D. Meltzer: "Um movimento contraedípico fazer o tempo reversível e, portanto, fazer uma reparação maníaca da mãe. Com isso, o pai se torna redundante (uma base para a idealização mútua na relação mãe-bebê)".

Outras particularidades de conduta: ele enche a pia com água até quase transbordar, e então retira a tampa bem em cima da hora. Ele cuidadosamente coloca a tampa em sua mão e permanece olhando a água escoar. Repete essa conduta duas ou três vezes.

Comentários de D. Meltzer: "Semelhante à sessão de 16 de agosto, é uma sessão veículo para introjeção e evacuação de mente e corpo, mas também da mente e corpo da mãe ligada ao item 4".

A brincadeira das canetas. Ele troca todas as tampas coloridas e inicia um jogo dizendo: "Esta caneta com tampa marrom, qual é sua cor verdadeira?". Mas, ao apresentar-me a caneta, ele tem que olhar na sua base para ver a cor. Eu lhe digo que desse modo eu adivinho também, porque eu estou olhando, mas ele não acha isso importante. O importante para ele é que pode elucidar a questão, e então elucido a resposta esperada para ele. Em outras palavras, eu devo responder: "Sua cor real é marrom" etc. De outro modo, ele insiste e fica bravo se não respondo como ele quer. Eu acrescento que, assim, não há discórdia, nem de uma sessão para outra nem durante a sessão. Quando ele se afasta, falando dos programas de esporte para um público imaginário, ele me faz representante desse público. Ele está em contato comigo, ele me olha, procura por mim, para ver como estou, mas está muito ocupado com o programa. Eu lhe pergunto: "Mário, onde você está?". Ele me olha com um olhar expressivo, vivo, quando comparado com o olhar velado e frio de ocasiões passadas. Digo-lhe: "A sequência é a mãe do Mário. Mário não pode ficar sozinho com Marisa. A mãe-sequência está aqui para acompanhar você".

Comentários de D. Meltzer:

> *O jogo para adivinhar a parte que cria a confusão entre mamilo, pênis, leite, fezes, bom, mau sugere um olho de raios X para olhar dentro do objeto e se liga com o item 5. Esse jogo revela o elemento paranoide de sua personalidade, isto é, que há uma parte do self confundida com um objeto, e isso cria confusão (Bion em Atenção e Interpretação, 1973 – o criador de mentiras, a grade negativa e o sistema delirante). O comentarista que interfere na observação e no pensamento, impondo seu próprio julgamento perverso sobretudo acima de tudo, pretende ver e entender a cena primária. É a parte que sabe de tudo.*

Há uma pequena modificação que parece significativa: antes ele atuava no meio da sala balançando os braços no ar, agora ele agarra uma almofada do divã e a segura o tempo todo enquanto vai desenrolando suas dramatizações.

Comentário de D. Meltzer: "O comentarista-ator que sabe de tudo impede que o bebê tenha contato com o seio ou diz que ele mesmo é o seio".

Outras vinhetas após esse período de incremento do contato com a analista

Ele começa uma história chamada "O Tesouro de Lumba Lumba", cuja quarta parte está descrita na sessão de 3 de outubro de 1979. Há dois personagens nessa história que acham o tesouro. Quando o abrem, está vazio. "Tem um erro! Quando nós o enterramos, estava cheio." Uma terceira voz diz: "Foi fácil esconder o tesouro nas minhas calças" (risada). Outra voz: "O tesouro desapareceu. Foi o gorila". A analista tem a impressão de que ele está alucinado;

pelos movimentos que faz com o seu corpo, o tesouro realmente desapareceu, e mais: há realmente um gorila na sala de análise. Eu estou presente e quieta, esperando até que ele me dê "permissão para entrar".

Comentários de D. Meltzer: "O mamilo foi removido e substituído pela parte má do pênis. A parte gorila é invejosa de toda a capacidade de desfrutar da intimidade humana".

Nesse período da análise, ele conta histórias de tesouros perdidos, de explorações, expedições e histórias bíblicas. Aparentemente, seria fácil falar-lhe do contexto dessas histórias, mas a questão que se apresenta, antes de tudo, é que parece haver uma função que ele deu a si mesmo para relatar essas histórias. Ocorre-me pensar que essa é a sua maneira de brincar. Então, quando ele faz essas dramatizações, é inconveniente que eu o interrompa, da mesma maneira que alguém da plateia estivesse interrompendo um ator no palco para pedir-lhe esclarecimento. Ou seja, ele atua num papel preestabelecido, e qualquer intervenção minha interrompe o "jogo". Quando essas apresentações são por mim interrompidas, ou quando, ao terminá-las, eu converso com ele, ele me ataca fisicamente ou perambula pela sala, tocando todos os objetos.

Nesse período, eu tento entrar em suas peças, assumindo um papel complementar ao papel em que ele está atuando. Desse modo, "outras coisas" aparecem inesperadamente. É importante destacar que, em alguns momentos, ele fala e atua "como se fosse", mas em outros momentos, ele "é" o personagem.

Por duas semanas sucessivas, de 17 e 24 de outubro, ele entrava na sala contando a seguinte história:

– Saul foi o filho mais novo de Elon, que também teve dois filhos: Abdon e Sanson. Este também teve um filho da mesma idade que Saul e foi chamado Eli. Aconteceu que Saul conheceu uma moça chamada Rebeca e os dois se casaram. No dia seguinte ao casamento, Deus falou para Saul: "Saul, eu tenho uma missão para você. Deixe seus parentes, vá com sua mulher Rebeca e seu primo Eli, com seu rebanho e vassalos, para a terra que te mostrarei". E assim foi, e eles foram na direção de Canaã. Quando chegaram, eles viram que a terra era selvagem e ordenou que plantassem árvores. (Pausa.)

A analista, que estava tomando nota, ao perceber a pausa, pergunta no que ele estava pensando. Ele não responde e continua a história:

– Foram, então, para o Egito, e lá conheceram uma serva chamada Lia. Passados três meses, um anjo apareceu no sonho e disse para voltar para Canaã por causa das árvores. Voltaram e, dez dias depois, Saul percebeu que Rebeca era estéril. Deus disse para não lamentar por Rebeca e para tomar Lia, e assim Saul foi dormir na tenda de Lia.

A analista para de anotar porque estava pensando no sentido dessa história, e Mário grita:

– Vamos! Escreva! Eles tiveram um filho chamado Abner... Lia foi feita prisioneira junto com os servos e escreveu uma carta.

Comentários de D. Meltzer:

> *Isso é potencialmente sem fim, confabulatório, pseudobíblico e perda de tempo pelo comentador, e seu conteúdo não merece atenção, semelhante ao conceito de Bion de Tela Beta. Ele transformou você no bebê que não sabe a diferença entre bom e mau, leite e urina (lápis coloridos) e continuará a apresentar-se como um mamilo e a urinar na sua boca-orelha até que sua capacidade de pensar tenha sido destruída pelo veneno*

> *insidioso dele (propaganda) e você tenha se tornado sua escrava.*

Ao chegar na sessão seguinte, ele me olha e diz: "Vamos continuar". Abre a caixa, pega caneta e papel e continua a sua história:

– Assim, Saul armou seus servos e eles foram para a terra dos reis do Oriente. Ao mesmo tempo, o soldado que tinha entregue a carta para Saul foi feito prisioneiro e condenado à morte. Então, Saul chegou da margem oposta do rio Jordão. A batalha começou e foi ganha pelos servos de Saul. Um dos reis do Oriente libertou Lia e seus servos, e assim Saul, Lia e os servos foram embora. Deus tornou Rebeca produtiva e ela terá um filho que se chamará Jonathan.

Nessa sessão, o contato comigo é muito mais direto. Eu tive algumas respostas dele, e ele sugeria-me que eu escrevesse sua história. Ele está agarrado a uma almofada ou a uma toalha enquanto está atuando. Olha para mim o tempo todo e, quando eu falo, ele me encara, enquanto em outras sessões fica de lado ou até de costas. Ainda nessa sessão, em um certo momento em que eu paro de escrever, ele insiste que eu continue, e eu lhe digo que estou pensando sobre o que está acontecendo aqui, que não posso ficar presa o tempo todo no ditado dele. Ele esfria o contato comigo, não responde quando pergunto algo que não escutei e agora, na sua história, aparecem as palavras "ingratidão", "destruição" e "ira". Sua expressão facial torna-se séria, e ele se afasta de mim e faz com a almofada movimentos de afastamento e aproximação. Eu lhe descrevo o que observei e ele não dá sinais de ter me ouvido. Aponto-lhe, então, para as palavras de sua história ("ingratidão", "destruição" etc.) que, eu penso, ele deve ter sentido quando eu parei de "brincar de escrever". Ele nem dá sinal, continua a sua história:

– Agora, alguém chorou muito, pegou uma gripe e morreu. Nesse momento, Jonathan nasceu e houve festejos. Quando terminaram os festejos, Deus falou: "Saul, em dez anos você irá para o Monte Orel, quando eu testarei você entre Jonathan e a ovelha. Se você matar a ovelha...".

O horário da sessão terminou.

Comentários de D. Meltzer:

> *O gorila reaparece quando o comentador não é obedecido. O dilema é entre ser o gorila que rouba o seio e ser o bebê que quer ser o seio. Isso é crucial. Uma referência à história de Abraão e Isaac, o problema do desmame (ver* Fear and Trembley, *Kierkegaard).*

Sessão de 22 de outubro de 1979

Assim que ele entra na sala, pega papel e caneta da caixa para eu continuar a escrever o que ele conta:

"Se você mata a ovelha, sua linhagem cresce. Mas, se você mata o seu único filho Jonathan, sua linhagem secará.

Após dez anos, Saul levou Jonathan para o Monte Moriá para Deus testar Saul. No caminho para a montanha, Jonathan pergunta:

– Quem será a vítima da oferta?

Quando eles chegaram, Saul segurou Jonathan e o amarrou. Quando chegou o momento e Saul estava quase sacrificando Jonathan, um anjo apareceu e disse:

– Saul, não mate seu único filho, Jonathan. Em vez dele, mate a ovelha.

E a sacrificaram. Então Deus disse:

– Saul, como você não sacrificou Jonathan, sua linhagem crescerá, assim como as plantas da Terra.

Mais dez anos se passaram. Rebeca morreu e Saul teve que procurar uma esposa para Jonathan. Ele soube que seu irmão também se casara e tivera um filho chamado Quelion."

Comentário de D. Meltzer: "A confusão resolvida; uma mistura de Abraão/Isaac + a história da loucura de Saul + tentativas de matar Daniel".

Nota: o contato não verbal cresceu; ele me olha e, enquanto fala, observa-me como se tudo o que estivesse falando fosse dirigido a mim.

Comentário de D. Meltzer: "O gorila e o bebê alternando-se, mas distintos um do outro. A identidade do bebê emerge novamente".

Sessão de 23 de outubro de 1979

Mário: – Já não há o que lhe falar!! Vamos cantar.

Analista: – Então o Mário já contou uma história muito importante. A história do nascimento dele, da vida dele, do nascimento do irmão dele, que o deixou muito desamparado e sem lugar.

Ele começa a ligar a luz, a encher a pia até a borda para depois esvaziá-la. Eu continuo:

– Mário tenta fechar um buraco que ficou na mente dele quando mamãe ficou esperando nenê e ele se sentiu expulso. O ódio que ele sentiu foi tão grande, que ele não pôde mais acreditar nem gostar da mamãe. Aí, ele ficou brincando com seus cocôs, sozinho, achando que assim podia crescer...

Comentário de D. Meltzer: "Provavelmente, é melhor elucidar a transferência primeiro e então, se você quiser, traçar sua significação na dimensão genética, reconstrutiva".

Recentemente, ele começou a perceber que não é possível se fazer sozinho e precisa de mamãe, de papai, de Marisa e, mais que isto, de si mesmo, em vez de construir histórias, viver a sua própria vida. Acontece que isto está ficando difícil, porque Mário está acostumado a ficar trancado em si mesmo. O medo da Marisa é grande. Medo de que a Marisa mostre para ele o que ele não quis e não pôde ver até hoje. Que o ciúme, a inveja, o ódio deixaram-no tão louco que preferiu se isolar e não crescer mais. Então agora, por exemplo, neste momento, Mário tem que ficar falando em vez de ouvir a Marisa porque acha-a muito desprezível; aliás, "tudo que vem de gente", tudo que é real é desprezível para Mário. É o modo que ele encontrou de se proteger do terror de ver que ele está vivo e eu também e não somos duas coisas, nem duas histórias, nem dois contos, nem dois livros; somos duas pessoas, sem controle sobre os acontecimentos. Ele parou para escutar e então recomeça a contar sua história...

Comentário de D. Meltzer: "A jogada do gorila comentador".

"– Salomão, Bala está estéril, case-se com Raquel.

E assim, mais de dois anos, teve uma filha que se chamou Ruth. E, dois anos depois, teve um filho que se chamou Marcos. E, seis meses depois, Raquel morreu. Casou-se, então, com Débora e teve, dois anos depois, outro filho, que se chamou Humberto, e, seis meses depois, Débora morreu. Waldomiro se encontrou com... e ambos foram para a tenda de Salomão e disse a ele: – Eu terei mais filhos.

Assim, Salomão recuperou seu casamento com Bala e dois anos depois teve um filho que se chamou Mário. Depois um casal de gêmeos, Antônio e Bezabá. Então, seis meses depois, Bala morreu. E aí Salomão casou-se com Jaele. Dois anos depois, teve um filho que se chamou João, seis meses depois apareceu Deus a Salomão e disse:

– Salomão, pegue tua mulher e teus filhos e vá para Canaã, pois seu irmão David se arrependeu do pensamento que o fez parar aqui.

Aí todos caminharam. Então Salomão foi dormir perto do rio Jacob, mas esperou por Deus para agradecer por voltar à terra natal depois de vinte anos, na Mesopotâmia. Lutou com um anjo a noite toda. Daí perguntou o nome: – Salomão.

A partir daí, terás um outro nome: Israel. Aí, Salomão foi dormir. David, quando viu o irmão Salomão chegar, foi em direção a Belém, de onde voltavam da Mesopotâmia..."

Comentário de D. Meltzer: "Tela Beta, com a finalidade de encher o bebê com medos pela morte do peito (desmame)".

O tempo termina, ele se dirige para a porta, aperta a minha mão e diz: – Giganta boba e burra. Vou te matar!

Comentário de D. Meltzer: "O gorila de novo aparece!".

Sessão de 24 de outubro de 1979

Assim que ele chega, inicia contando a história de um carro quebrado que nem os italianos podem consertar. Digo para sentar-se e encarar-me:

– Ontem na saída você disse: "Giganta boba e burra! Vou te matar!". Você pensa que eu fui destruída por você!

Ele então passa a falar de um plano. Canta: "Boi, boi, boi, boi da cara preta, pega este menino que tem medo de careta". Enquanto isso, os italianos consertavam. De repente, vieram os bandidos: "Vou matar aquele velhote! Esqueça isto e vamos executar nosso plano...".

Comentário de D. Meltzer: "Sim! O gorila exige que nenhuma reparação que o pai possa fazer para a mãe, ou que o seio possa fazer para o mundo interno do bebê, possa acontecer para assim fortalecer o self-gorila".

Analista: – Então, havia os que consertavam e os que quebravam.

Nessa sessão, Mário entra num crescente estado de excitação e começa a cantar e dá gargalhadas de terror e de desprezo, e nenhum contato é possível nesse momento, ele não me escuta...

Comentário de D. Meltzer: "Em um estado de completa confusão de identidade entre partes más e boas de si mesmo".

... A um certo momento, ele para, pega uma folha de papel, escreve um título e vai colocando números...

Comentário de D. Meltzer: "Tentando pôr ordem no caos pela sequência de números, como no material clínico do zodíaco".

... numa sequência iniciando em cinco mil e decrescendo. Está muito absorto com o que está fazendo. A analista se aproxima, perguntando se pode ver o que ele está fazendo, já que está se comportando como se ela não existisse. Ele faz um gesto negativo com a cabeça e grita "Não!". A analista vê que está escrito "Antiguidade" e pergunta se é isso mesmo que ele escreveu. Ele responde que sim. A analista comenta que Antiguidade está sendo o jeito dele de se comportar agora.

– Você se tranca na sequência de números. Você ficou assustado agora há pouco com o que sentiu. Assustado de não ser capaz de se controlar?

Comentário de D. Meltzer: "Sim! Assustado de ser confundido na sua identidade".

Ele continua a escrever a ordem decrescente de números. Isso parece uma regressão para chegar a um ponto inicial. Para o útero? Para começar tudo de novo? Para retornar ao útero e nascer de novo? Por quê?...

Comentário de D. Meltzer: "Para recapturar a reparação maníaca, ele volta para trás para restabelecer a idealização mútua bebê-mamãe em que o pai não é necessário".

... Você não suporta ver-se como você é? Que você não é um deus, nem um "pedaço de madeira", nem um "calhambeque", nem um bebê? (são todas as expressões usadas por ele). Ele me mostra a língua e grita: "Bábábábábá ... Mámámámá..."

Comentário de D. Meltzer: "O gorila e o bebê alternando-se, mas distintos um do outro".

Sessão de 25 de outubro de 1979

Continua a ordem decrescente de número até acabar a folha.

Analista: – Terminou?

Mário: – Terminei.

A.: – O que terminou?

M.: – Esse negócio.

A.: – Você teve que terminar a sequência para ficar seguro, para ficar limpo destes cocos enquanto eu olho para você.

Deita-se, parece vazio, sem programações.

M.: – Nós estamos numa prisão. Em Aruana. Ambos, Mário e Sílvio, são presos por assustar uma empregada doméstica.

A.: – Você precisa brincar com seus cocôs-histórias quando está comigo para se sentir seguro de que não vai acontecer nada com você.

Os seus movimentos corporais são mais "humanos". Está no divã, como uma criança pequena, irrequieta, em contraste com movimentos rígidos, desconexos, como de marionetes. Falo que agora está aqui o menino, e continua associações cujo nexo não aparece.

Ele canta "Boi, boi, boi ...", até que se levanta e diz: – Giganta boba, vou te matar.

Pega uma caneta, vai para o meio da sala e me atira a caneta no rosto. Daí vai para cima da mesa para me chutar. Começa a luta, na fantasia está me matando. – Não vou desistir – ele diz.

Comentário de D. Meltzer: "A experiência de ambivalência é necessária para trazê-lo mais em contato com seu lado feminino (a menina que tem medo de uma máscara)".

A.: – A realidade é mais forte, e esta realidade é a giganta que você fala e tem ódio! É tudo que não é você; sou eu e tudo em sua volta. Você não aceitou que já saiu de uma barriga e viveu treze anos, e acha que o que você precisa é voltar para uma barriga, está enganado! Você precisa é perceber o que já se desenvolveu.

Ele pega o colchão (ele já fez isso em sessões anteriores) e se enrola dentro e tenta sair pelo lado enquanto eu o seguro.

Comentário de D. Meltzer: "O desejo de escapar da depressão devido à sua ambivalência por meio de sua identificação projetiva como no material do castelo".

Termina a hora e, enquanto sai de dentro do colchão, ele diz: – Eu ainda não desisti, vou tentar de novo, te matarei!

Digo-lhe que está tudo bem, ele não pode desistir assim, precisa experimentar mais para ter a sua convicção.

Considerações da analista ao dr. Meltzer

Eu gostaria de deixar claro, Dr. Meltzer, que, nesta análise, eu tenho feito "investigações" com o propósito de abrir caminho para ver até onde é possível me comunicar com Mário desde o lugar que ele me dá na transferência; as mudanças que introduzo vêm dessa dificuldade de entrar em contato. Por exemplo: eu não tenho o hábito de tomar nota durante sessões ou de entrar em papéis por espontânea vontade minha, mas só se a criança me pede. Não é também meu hábito introduzir histórias na conversação com meus clientes. É evidente que isso envolve várias *performances*, e eu tenho usado a experiência que consegui até agora. Eu tenho oscilado entre dois estilos:

Deixá-lo falar até ele ter suficiente evidência de que esteve "brincando bastante" para estar seguro de que eu aceitei "suas criações" e de que agora vou analisar o que está acontecendo e de que pode ouvir-me sem sentir-se rejeitado ou controlado por expressar-se (porque eu tenho dado tempo para ele fazer suas experiências sem nenhuma interrupção).

Interrompê-lo mesmo contra a sua vontade, provocando protestos e agressividade, o que termina por produzir uma reação contra a minha invasão e o que lhe digo resulta inútil.

Comentário de D. Meltzer: “Essas duas abordagens podem ser colocadas juntas pela técnica de ‘pensar alto’, que é nem ser silenciada por ele nem ser agressiva para com ele. É necessário falar com outras partes dele sobre a usurpação da relação pelo ator gorila. A interferência maciça deve ser quebrada para restabelecer a espécie de contato visto antes”.

Sessão de 19 de novembro de 1979

Ao entrar na sala, Mário me olha e fala “Béé” (mostrando a língua para mim).

Comentário de D. Meltzer: “Suas necessidades para ser feliz mudaram”.

Abre a caixa e torna a fechá-la em seguida, senta-se no divã. Inicia então a falar:

– Ei, então você não vê que precisa trocar o óleo do meu carro? Vamos então!

É a continuação de uma história que ele estava representando. Respondo:

– Estamos aqui para aquilo que você precisa!

Ele parece nem escutar e continua falando:

– Que então precisa ver tudo o que tem no depósito (ou coisa similar), tirar tudo.

Então se levanta, pede-me para empurrar-lhe o banquinho e, subindo nele, abre o armário de revistas, começa a tirar uma por uma, lê a data, senta-se sobre o divã e, dirigindo-se a mim: – Pode ler, estão aí as revistas.

Comentário de D. Meltzer: "De volta ao seio, conforme na sessão de 16 de agosto".

Eu digo a ele que, enquanto está tirando as revistas do armário, está querendo examinar tudo que tenho dentro de mim, para se certificar que coisas são. E que agora ele quer que eu veja por dentro de mim, o que ele expôs na mesa. Para quê? Para tomar conhecimento do que se passa com ele agora? Ele não responde.

Comentário de D. Meltzer:

> *Esse é o problema: ser capaz de preservar o objeto internamente e não transformá-lo em fezes e expulsá-lo por seu traseiro (sessão de 16 de agosto). O problema da preservação do objeto tem agora se tornado uma vez mais um problema interno e tem sido externalizado na transferência por três meses.*

Em seguida, começa a falar de uma igreja, que em 1964 não tinha quase nada, só umas tigelas etc.; que em 1968 ficaram prontas algumas partes, e aí ficaram os móveis e a pintura, e em 1971 ficou pintada, mas não tinha móveis.

Eu digo que ele está, deste modo, também falando do seu nascimento, de antes do seu nascimento, de como seus pais o fizeram.

Ele passa a falar de alunos que se graduaram em 1968, e os que estavam no ano que se graduaram em 1970 etc. (Mexe com o "Bom-Clima".)

Aí para, senta-se novamente, olhando para as revistas: – Você não leu, agora vai guardar tudo.

Eu lhe digo que estive com ele até agora. Ele guarda uma por uma todas as revistas. Novamente se deita. Agora se aproxima para me unhar como a primeira vez, tem sido cada vez mais frequente o atacar-me fisicamente. Até que ele verbalize algumas coisas, como hoje: – Você é uma ditadora, uma tirana que está querendo mandar em todo o mundo, pensa que o mundo é formigas? Ditadora! Ditadora!

Eu digo que ele me sente tirana, e ele uma vítima, que ele não vê que a parte tirana está com ele e o sufoca.

Ele continua as agressões, e agora pega o colchão (já fez outras vezes também) e o põe de escudo para se aproximar de mim, e eu me defendendo; ele acaba enrolado no colchão, no chão, e eu por fora. Termina a hora.

Comentário de D. Meltzer: "Externalizando novamente, mas dramatizando, mostrando sua capacidade emergente de se opor ao gorila ditador que ele representa em você, mas não experimenta como sendo você de fato. Um progresso nessa capacidade para comunicar e não atuar na transferência".

Sessão de 28 de novembro de 1979

Deitado e falando cinco, seis nomes de alunos da escola, formandos de 1974 (liga e desliga o ventilador).

Analista: – Você fica prestando atenção e se interessando pelos nomes dos formandos, como o seu modo de saber de você na escola, com seus colegas...

Termina de falar um bloco de nomes e aí liga o ventilador e desliga, para continuar dizendo outro bloco. (É impossível falar com ele quando está enunciando os nomes. Não há o que o interrompa.)

A cada ligada de ventilador, parece estar fazendo um ponto final, como coisa acabada.

Comentário de D. Meltzer:

> *Como o ventilador, esta é a referência à sua fala e seu medo de ser bem-sucedido em silenciá-la. Um novo tipo de "jogo" a que você deve resistir – é o ciúme de seus outros pacientes (uma lista sem fim) e dos seus filhos também.*

Sessão de 29 de novembro de 1979

– Boa-tarde – e estende a mão. – Aqui estamos novamente para a nossa rotina da tarde... – e começa a falar a mesma programação.

Comentário de D. Meltzer: "Preocupado em ser capaz de silenciá-la".

Eu lhe digo que hoje ele está diferente de ontem, que está mais agitado, balançando os braços com a almofada; que ele se sente diferente. – A única coisa que permanece igual é o que você está dizendo.

Ele começa a cantar "Gostoso Veneno", de Alcione: – "Este amor me envenena, mas todo amor sempre vale a pena/desfalecer de prazer..."

(Entrevistas, conversas de faz de conta, encontros, pedidos atendidos, tudo no faz de conta, ele representando as duas pessoas da relação. Um ensaio para a relação comigo?)

Ele continua a cantar canções conhecidas:

– "quem sabe mudar o curso da história por causa de (uma) mulher". "... Sob medida... Vê se se ajeita comigo..." "Nesta terra deste jeito, já não sei viver só."

Comentário de D. Meltzer: "Essas canções são o que teme que seus outros pacientes cantem e que você os prefira".

Sessão de 17 de dezembro de 1979

Primeira sessão-volta após duas semanas no acampamento da escola. Repete as mesmas canções que cantou na última sessão antes das férias:

"Este amor me envenena. Mas todo amor sempre vale a pena..."

"Tô voltando... me arrumei, me perfumei..."

"Eu pensei que o mundo masculino tudo me daria / descobri a parte mulher/a parte melhor que há em mim / ...mudou o curso da história por causa da mulher."

"Sob medida... (se ajeita comigo)."

Analista: – Mário, você me cantou tantas canções carinhosas, você fala o que sente, mas escondido nas canções...

Ele nem parece ligar para o que lhe digo.

Comentário de D. Meltzer: "Satisfeito de tê-la feito esperar, mas não satisfeito com os outros pacientes que ficaram com você. Ele está satisfeito por um lado e ferido por outro".

Mário: – Agora, um comercial.

Canta: – "Trocando em miúdos pode guardar a sombra de tudo que chamam lar, as nossas melhores lembranças..."

A.: – Agora você está se preparando para ir embora, que no fim desta semana já entramos de férias. Você quer que eu guarde tudo de você aqui comigo.

Comentário de D. Meltzer: "Sim, seu ciúme de seus filhos é reforçado pelas férias".

Mário continua cantando, agora "Horizonte Aberto" e "Força Estranha": – "Eu vi o menino correndo, eu vi o tempo, brincando ao redor daquele menino... eu pus os pés no riacho... Eu vi a mulher preparando outra pessoa, o tempo parou para eu olhar aquela barriga, a vida é amiga da arte..." (canta toda a letra). "Deixa eu correr neste teu rio, morder teu anzol e morrer nas tuas mãos."

(A mim, parece que o contato que ele propõe é por meio destas canções, mas, ao mesmo tempo, é uma defesa ao contato real.)

Sessão de 18 de dezembro de 1979

Roteiro de estradas e ruas a sessão inteirinha.

Digo-lhe que o caminho para cá ele já fez e está aqui; no entanto, ele acha que está a caminho, que não chegou ainda, e não se encontra comigo. Digo-lhe também que descrever o caminho é o jeito (geográfico) de ele dizer o que tem sentido, experimentado por esse caminho, mas só consegue se referir descrevendo o caminho.

Ele continua com a descrição do caminho e, na hora de ir embora, diz "Até logo", dá um chute em minha canela e aperta minha mão.

Comentário de D. Meltzer: "As férias do analista e o medo dele de o analista se perder e não voltar".

Sessão de 20 de dezembro de 1979

É a minha primeira sessão do dia. Quando abro a porta da sala de espera, aí está ele. Vai entrando enquanto vou até outra sala deixar uns papéis que tinha na mão. Volto e fecho a porta. Dou o papel com as sessões e o horário para amanhã de uma sessão de reposição. Sento-me.

Ele fala: – E a caixa?

Analista: – É mesmo! Vamos pegar.

Abro o armário e pego. Ele abre a caixa e diz: – Não tem folhas?

A.: – Não tem, eu vou buscar. Entrego e ele pega uma folha, senta-se e fica escrevendo. Eu o observo.

Comentário de D. Meltzer: "Isso irá machucá-lo. Se você esquecê-lo agora, ele estará certo de que não estará na sua mente quando estiver ocupada com os seus filhos e seus 'bebês de dentro'."

A.: – O pessoal da escola já falou com você sobre mudança de escola, Mário?

Ele me olha, parece não entender, está "ligado" no que está escrevendo.

A.: – Porque eles me procuraram para eu dar opinião se você pode mudar para uma escola de crianças que não são deficientes mentais. Eles acham que você pode ir para outra escola.

Mário: – Não! Eu vou ficar lá até concluir o curso! Faltam dois anos! (Pausa). E isso que você está falando é mentira, porque você não tem nada a ver com a escola (fala isto enquanto está escrevendo).

A.: – Não tenho mesmo! Mas eles me procuraram. Eu disse que você não é deficiente mental, as dificuldades são emocionais e, por isso, você está em análise comigo. Agora, não sei se você concorda e seus pais concordam. Quem resolve é você com seus pais e a escola. (Pausa).

M.: – Mentirosa! Você é mentirosa! Porque a escola não ia jamais fazer isso comigo!

Comentário de D. Meltzer: "Como se você quisesse se livrar dele!".

A.: – Então você acha que te fizeram uma coisa ruim? Por isso, não pode aceitar o que estou te dizendo? Mas eu vejo de outro jeito. Eles estão falando que você está mais capaz e pode ir para uma escola "normal".

M.: – Não! Sua mentirosa! Quer me induzir a achar que é bom!

A.: – Eu não estou mentindo. Mas vejo que é muito difícil você aceitar a mudança e sair de um lugar que você conhece, onde você é considerado o "intelectual", e ir para uma escola normal, onde você é um menino comum, como qualquer outro.

M.: – Ah! Para de falar, sua estúpida!

A.: – Por quê? Você se acha um gênio? (Ele faz que sim com a cabeça.) Então! Você não quer sair do lugar; você quer "manter as mesmas ideias" a seu respeito e a meu respeito.

M.: – Você vai calar essa boca? Ou vai levar um chute na saída!

A.: – Não! Eu vou continuar como estou! Aliás, hoje você está colaborando mais. Você quer me ouvir! Você até está quieto, sem contar aquelas histórias todas, aquelas mentiras que você tem se dito há tanto tempo.

Ele escuta, está receptivo e se despede sem chutes.

Comentário de D. Meltzer: "Amargurado de ciúme de seus filhos e desacreditando na sua fidelidade a ele".

3. As supervisões de Meltzer e a teorização sobre os estados de mente no autismo e no pós-autismo

Problemas técnicos dessa análise e as supervisões de Meltzer

Sessão de 29 de janeiro de 1980

Desde o início, em pé, no meio da sala, ele faz um programa radiofônico. Eu intervenho dizendo que eu sou o menino que vejo, escuto os pais que não me deixam participar.

Mário: – Cala a boca senão eu corto sua língua ou amarro sua boca ou corto suas mãos! O que você prefere?

Ele continua preenchendo uma página com números em ordem decrescente e apresenta a lista de estudantes do Centro Israelita de Apoio Multidisciplinar (CIAM). Eu lhe pergunto se ele continuará estudando no CIAM este ano (assunto que estava sendo decidido antes das férias). Ele assente com a cabeça e me manda calar a boca.

Analista: – Você me sente perigosa toda vez que eu digo algo. O que você espera de mim? Que eu só ouça você?

M.: – Isso.

A.: – Como um balde, eu recolho tudo o que você diz?

M.: – Certo! Se você não calar a boca em dez minutos, eu lhe corto a língua.

Comentários de D. Meltzer: "Parece bastante claro que Mário tem dificuldade de aceitar o que você diz para ele, mas isso pode ser apenas uma maneira de reconhecer o processo. Eu sugeriria que uma alteração na técnica seria a de insistir que você tem direito a pensar e falar sobre suas próprias observações e experiências com ele, mas que ele não é obrigado a ouvir se ele não quiser. Para isso, é necessário pensar alto, consigo mesma, num tom de ruminação e ponderação não diretamente dirigido a ele".

Eu continuo falando, ele se aproxima e pede-me para mostrar minha língua para que ele possa cortá-la. Eu digo que ele está "fazendo de conta". Ele pega a tampa da pia e, aproximando-a da minha boca, ordena que eu a engula. Ele insiste, mas eu realmente não atendo ao seu pedido. Ele então ameaça:

M.: – Vou destruir tudo! Vou tirar tudo do lugar e vou pôr tudo de volta!

A.: – Mas isso não é destruir, é fazer de conta. Eu nunca vi você destruir nada nessa sala.

Comentário de D. Meltzer:

> *Aqui você tem a clara indicação que sua atividade é jogo e comunicação, que você pode interpretar para indicar que sua boca e ânus não estão claramente distintos em sua mente, ambos sendo esfíncteres. Mas isso poderia*

> *ser aplicado também ao mamilo, quando este entra na boca do bebê porque a mãe não suporta o choro dele. Ele entende que algum processo de tirar do lugar e pôr de volta está envolvido nos cuidados da mãe para com o bebê, mas não está claro se é construtivo ou destrutivo; ela estaria retirando coisas ruins e pondo coisas boas ou vice-versa, ou ainda ela estaria justamente colocando as mesmas coisas que tirou? Por exemplo, quais seriam as suas (da analista) interpretações?*

Agora ele está irritado. Levanta o colchão do divã, acende as luzes, coloca a caixa nas minhas mãos, abre alguns armários, enche a pia com água até a borda e imediatamente a esvazia, empurra o banquinho em minha direção... e então coloca tudo de volta no lugar, na ordem inversa. Depois sobe no topo da mesa, olha-me desde cima e escorrega sobre o divã, sem colocar os pés no chão, e permanece deitado até o final da sessão.

Comentário de D. Meltzer:

> *Agora ele torna o problema muito claro, que ele não pode distinguir entre um processo que é o oposto de um processo reverso. Claramente, o escorregar para abaixo indica a orientação do problema, subindo até o peito e descendo até o traseiro. Você poderia dizer que ele não colocou junto esses dois aspectos simultâneos da experiência, movimentando-se acima e abaixo do peito para o colo (seio-toalete) e o processo de expulsar e pôr para dentro de seu (paciente) corpo e mente.*

Eu penso que Mário está tentando confrontar suas fantasias: o que ele acredita que faz, o que realmente faz, o que é realizar na imaginação. Ele volta para a sua condição de controle onipotente e poder total. Ele me divide em várias partes: minha fala-boca--língua que para ele equivale ao pênis dentro da vagina: falar é ter um intercurso que produz palavras-bebês, que ele recusa por serem rivais. O que ele propõe é eliminar uma das partes para inibir a produção de palavras-bebês-rivais, mas que ele não consegue.

A sala agora é o interior que precisa ser destruído, enquanto eu sou sua aliada (ele dá a caixa-bebê-Mário para as mãos mamãe--Analista tomar conta). Desse modo, ele volta à idealização mãe--bebê que permite que tenha movimentos de ataque contra a parte analista-mãe que está tendo intercurso com a parte papai-rival, tendo outros bebês (a analista falante). A recusa em ouvir-me parece decorrer da fantasia, provavelmente, ativada por uma prolongada separação (as férias), quando ele se sentiu excluído e privado dos meus cuidados.

Material clínico de fevereiro de 1980 enviado ao Dr. Meltzer para supervisão

Sessão de 14 de fevereiro de 1980

(Teremos sessão novamente só na Quarta-feira de Cinzas, pelos feriados do carnaval).

Entra, me cumprimenta, espera que eu me sente, enquanto permanece em pé no meio da sala.

Mário: Bom Retiro, Casa Verde, Carandiru. Pompeia e Água Branca. Pompeia e Água Branca. Zona Leste, Jardim Europa, Centro. Barra Funda, Santa Cecília, Centro. Perdizes, Limão. Perdizes, Limão etc.

Na sessão de ontem, também fez o mesmo, ou seja, descreveu o trajeto com suas ramificações, seus desvios, de uma rodovia qualquer. Disse-lhe que, ao "brincar" deste modo, ele tentava se aliviar da angústia de se perder, de se sentir perdido e não saber como chegar até mim. Ele me mandou calar a boca quando lhe disse isto.

A descrição continua, interminavelmente.

Mário: – Carandiru, Pari, Bela Vista. Canindé, Parque São Jorge.

Eu observo que ele fala de três e de dois e digo:

– Papai, mamãe e Mário. Mamãe e Mário.

Ele me manda calar a boca e continua sua descrição. Eu falo que está precisando fazer de conta que ele sabe tudo, todos os caminhos e eu estou no lugar de um menino assustado como um bebê. Ele grita e tenta me bater. Eu o contenho e ele chuta os bancos. Tira do armário revistas e vai jogando uma por uma sobre a mesa. Na quarta revista, ele pega e vai sentar-se para folheá-la. Desliga o ventilador e começa a falar:

– Noites de verão. É meia-noite, é meia-noite e um, é meia-noite e dois, é meia-noite e três... é meia-noite e quarenta e dois... (etc.).

A.: – É noite! O que acontece de noite para o Mário? Ele não dorme? Tem pesadelos?

Ele me joga a almofada no rosto e continua dando a hora de minuto em minuto até amanhecer.

Supervisão de dr. Meltzer

Cara Marisa:

Eu estou mandando de volta o seu material com os meus comentários, o que significa que, no espírito Bion de abandonar memória e desejo, eu estou tratando cada novo material como uma nova experiência. Mas é claro que você não pode fazer o mesmo com sua mente, uma vez que os eventos das sessões prévias continuarão vindo à sua mente. Assim, não haverá uma continuidade direta em meus comentários, e você deve decidir a partir da experiência das sessões subsequentes se meus comentários têm sido de alguma utilidade.

Comentário de Meltzer (14 de fevereiro de 1980):

> *O comportamento dele com relação a você é o de um instrutor, que assume que você é ignorante em orientar-se no mundo e particularmente que tudo está organizado em grupos de dois ou de três (mãe-bebê, mãe-pai, bebê-pai ou mãe-bebê-pai), mas dois grupos são geralmente repetidos. Somente o tempo é linear, mas lugares e pessoas estão agrupados, e a impressão é de que o tempo existe apenas para o terceiro que sobra quando dois estão juntos. O tema geral é uma negação da ignorância e afirmação do controle onipotente através da nomeação que Bion chama "conjunções constantes". Isso não é somente não-simbólico (sem significado, usando apenas signos, não símbolos), mas é anti-simbólico e anti-sentido. Você e o ventilador como representativos de significado devem ser aniquilados. Seria de interesse saber se as sequências de nomes de lugares são, de fato, sequenciais em relação a alguma rota particular. A relevância para as sessões que ele perdeu não está clara.*

Sessão de 20 de fevereiro de 1980 (Quarta-feira de Cinzas)

Aperta a mão e bate-a em seguida. Em pé, começa a apresentação:

Mário: – Loris, Vitor, Florinda-pré-maturação.

Analista: – Listas de aluno! Este é um jogo? Então vamos. (Pego um papel e vou anotando o que ele fala).

"Mônica, Isabel, Roberto Luís e Luís-pré-primário.

Oito, pré-secundário: Carlos, Cláudio, Sérgio Luís, Marcos Azevedo, Elizabete, Beatriz e Sílvio.

Quinze, secundário: Rita, Omar, José Raul, Fernanda.

Vinte, terciário: Loris, Paulo, Dirceu e Hermann.

Vinte e quatro, quaternário: Calegari, Karen, Félix, Cláudio.

Vinte e oito: Iece Angel, Bueno, Edson, Milton e Roque.

Trinta e três, sala 2: Calegari, Karen, Cláudio e Félix.

Sala 10: Milton, Florinda, Vitor e Loris.

Sala 11: Loris, Paulo, Dirceu e Hermann.

Sala 14-15: Angel, Bueno, Edson, Milton e Roque.

Sala 18: Elder, Rita, Omar, José Raul e Fernanda.

Sala 19: Carlos, Cláudio, Sérgio Luís, Marcos Azevedo, Beatriz, Elizabete e Sílvio.

Sala 20: Mônica, Isabel, Roberto Luís e Laís.

Sinal (Trim!)

Primeiro, Maturação: Loris, Vitor, Florinda e Milton.

Aqui se sentam Milton e Florinda e aqui, Vitor e Loris.

Pré-primário: Luís, Roberto Luís, Isabel e Monica.

Aqui se sentam Mônica e Isabel, e aqui, Roberto Luís e Luís.

Agora pré-secundário: Sílvio, Elizabete, Beatriz, Marcos A., Sérgio Luís, Cláudia e Carlos.

Ciao pré-secundário: aqui se sentam Carlos e Cláudia, e aqui, Sérgio Luís e Marcos Azevedo (isso é de 1974).

Agora secundário: Elder, Rita, Omar, José. Agora Raul e Fernanda. Ciao secundário.

Elder, cuidado ao atravessar a rua. Rita, Omar, José Raul, e aqui Fernanda e Loris.

Agora terciário: Hermann, Dirceu, Loris, não, Paulo e Loris. Ciao terciário.

Aqui Paulo e Dirceu, e aqui se senta o Hermann.

Agora quaternário: Félix, Cláudio, Karen e Calegari. Ciao quaternário.

Aqui se senta Calegari junto do Hermann. Aqui se sentam Karen e Cláudio, e aqui Félix, Roque, Milton, Edson, Bueno e Angel. Aqui se senta Angel junto com Félix. Aqui se sentam Milton e Roque. Aqui se sentam Edson e Bueno.

O ônibus pode sair, brum, brum. (Barulho com a boca imitando o do ônibus em movimento).

Período da tarde:

Pré-maturação (em 1974, era esta ação): Edgar, João, Toni, Mário, José Humberto, José Mário, Marcos Dorini, Amara, Sílvio Rogério e Laerte.

Primário: Francisco, não, Valéria, Francisco, Biagio, Rubim, Renato e Ronald.

Sala 10: Edgar, João, Toni, Mário, José Humberto, José Mário, Marcos, Dorini, Amara, Sílvio Rogério e Laerte.

Sala 14-15: Valéria, Francisco, Biagio, Rubim, Renato e Ronald. Sinal (Trim!) Primeiro a turma do pré-maturação: Laerte, Sílvio Rogério etc.

Cião pré-maturação: aqui se sentam Edgar e João. Aqui, Toni e Mário. Aqui, José Humberto e José Mário. Aqui, Marcos Dorini e Amara, e aqui, Silvio Rogério e Laerte (dez alunos).

Primário: Ronald, Renato, Rubim, Biagio, Francisco e Valéria. Ciao primário.

Aqui se sentam Valéria e Francisco. Aqui, Biagio e Rubim, e aqui, Renato e Ronald. (Total: dezesseis). Pode sair (som de ônibus andando).

Dia da formatura: os alunos de UCOA de 1974 vão se formar: Roque, Milton, Edson, Bueno e Angel.

Agora quero falar dos que passaram de ano: os do quaternário vão para UCOA.

A turma: Hermann, Dirceu vão para o quaternário.

A composta por Paulo e Loris, que estavam no terciário, vai ficar mais um ano.

A turma de Rita, Elder etc. vai para o primeiro ano terciário.

A turma composta por Sílvio Luís, Elizabete, Marcos A. etc., que estavam no pré-secundário, vai para o secundário."

Ele está satisfeito, sorridente, quando vê que eu estou atentíssima, que posso até dizer junto com ele os nomes de alunos que ele vai repetindo.

Eu estou tentando investigar o que não me é acessível por meio do contato lúdico, da representação de papéis: ele, diretor da escola, eu, secretária (?). O "prazer" que esta minha atuação lhe produz é visível. E ele me vê como uma colaboradora, à qual ele não tem que se opor, e até conversa diretamente comigo, esclarecendo-me algumas coisas pertinentes à matéria. Eu lhe mostro como ele está comigo. Questiono-me, após a sessão, se essa minha conduta exploratória poderá ser útil para incrementar o contato.

Comentário de D. Meltzer (20 de fevereiro de 1980):

> *Ele agora passou da preocupação com o mundo exterior, superando o problema 2x3 pessoas e o problema da solidão e a consciência aguda dele do tempo. O tema central agora está dentro da escola, dentro da mãe-você, com sua mente cheia de crianças (pacientes e filhos).*
>
> *Novamente, a abordagem é para fazer um vínculo com nomes e para organizá-los em grupos e categorias. Mas há também uma indicação de que o tempo existe nesse mundo, mas é apenas assinalado por uma campainha e seu referencial é misterioso, possivelmente arbitrário. Eu suponho que você tenha gravado essas sessões e que a lista de nomes e sequências seja exata.*

Nota: na verdade, eu fui anotando durante a sessão o que ele dizia como um manejo que eu estava experimentando para ganhar algum espaço real diante dele e para estudar suas reações e meus movimentos. Esses manejos foram discutidos com Meltzer, como segue.

Considerações da analista ao Dr. Meltzer

Eu gostaria de deixar claro, Dr. Meltzer, que, nesta análise, eu tenho feito "investigações" com o propósito de abrir caminho para ver até onde é possível me comunicar com Mário desde o lugar que ele me dá na transferência; as mudanças que introduzo vêm dessa dificuldade de entrar em contato. Por exemplo: eu não tenho o hábito de tomar nota durante as sessões ou de entrar em papéis por espontânea vontade, mas só se a criança me pede. Não é também meu hábito introduzir histórias na conversação com meus clientes. É evidente que isso envolve várias *performances*, e eu tenho usado a experiência que consegui até agora. Eu tenho oscilado entre dois estilos:

Deixá-lo falar até ele ter suficiente evidência de que esteve "brincando bastante" para estar seguro de que eu aceitei "suas criações", de que agora vou analisar o que está acontecendo e de que pode ouvir-me sem sentir-se rejeitado ou controlado por expressar-se (porque eu tenho dado tempo para ele fazer suas experiências sem nenhuma interrupção).

Interrompê-lo mesmo contra a sua vontade, provocando protestos e agressividade, o que termina por produzir uma reação contra a minha invasão e o que lhe digo resulta inútil.

Comentário de D. Meltzer:

> *Essas duas abordagens podem ser colocadas juntas pela técnica de "pensar alto", que é nem ser silenciada por ele nem ser agressiva para com ele.*
>
> *É necessário falar com outras partes dele sobre a usurpação da relação pelo ator-gorila. A interferência maciça deve ser quebrada para reestabelecer a espécie de contato visto antes.*
>
> *É perceptível que a sequência do pré-secundário está revertida, enquanto as outras estão inexatamente reordenadas. Isto deve significar que ele está lendo a partir*

> *de uma memória comum, às vezes da direita para a esquerda, às vezes da esquerda para a direita, e outras de uma maneira mais aleatória. Certas listas de significado começam a aparecer, como que por acidente ("seja cuidadoso quando atravessar a rua"). Os agrupamentos são aparentemente aleatórios em relação ao sexo ou qualquer outro indicador, o que pode significar inocência sexual. O ônibus escolar partindo teria também o significado de nascimento. A impressão geral, a despeito da indicação da escola (estudando, aprendendo, exames), é a de aborrecimento e espera pelo dia da graduação e pelo ônibus partindo. A ideia de que ele é o diretor vem, eu acho, do poderoso sentimento de controle baseado em nomear e categorizar, muito característico do período de latência, quando conhecer o nome é sentido como conhecer o objeto ao qual o nome se refere ("eletricidade", "carburador", por exemplo).*

Sessão de 21 de fevereiro de 1980

Quando fui chamá-lo, estava "trancado" no banheiro, batendo para sair, pois não conseguia virar a maçaneta da porta. Essa situação já aconteceu em outras ocasiões. Eu então vou "libertá-lo".

Ele me cumprimenta e continua "os alunos de 1975 do CIAM".

Eu me disponho a continuar, como na sessão anterior. Neste momento, eu penso em como este menino é capaz de utilizar a memória como um arquivo que descreve a hora, o lugar e as condições em que se passou um fato que lhe provocou uma emoção à qual ele parece não ter acesso. É que, então, desempenhar papéis ou descrever fatos são modos de expressar o que se passa com ele.

Ele continua na mesma catalogação de alunos do CIAM, turmas e formatura. Passaram-se vinte minutos de sessão e ele sai rapidamente, fecha a porta da sala (sempre costuma pedir licença para sair da sala, hoje não) e penso que se dirige ao banheiro, pois fez sinais de estar apertado para fazer xixi.

Quando volta do banheiro, não consegue abrir a porta para entrar na sala, e eu lhe digo para empurrar com mais força porque não está trancada. Ele acaba conseguindo.

Analista: – Está achando que no caminho entre nós tem trancas e um de nós dois está preso, ou você, ou eu. O bebê fica trancado! O diretor malvado aprisiona o bebê Mário.

Termina a hora.

Sessão de 22 de fevereiro de 1980

Ele continua sendo o diretor.

Eu ponho a descoberto que ele, como diretor, sufoca o bebê-Mário, muito necessitado de comer e crescer com a Analista. Que o diretor se põe no meio e não deixa. Fala, fala o que não tem importância, enquanto o pobre do bebê fica com fome, esquecido e não é atendido. O diretor está sendo um malvado.

(Mário vai me olhando e rindo, e me deixando interromper toda vez.)

E eu continuo: – Pois é, coitado! Tem o bebê-Mário e tem a mãe-Analista, mas o diretor malvado tranca este bebê.

E ele continua, ao que me parece, muito agradado com as intervenções, mas continua no seu papel de diretor.

Analista: – Mas este diretor não está com nada! Esta falação sem fim! Está com os dias contados!

Tentou me atingir com a almofada o tempo todo. Ele para de representar o diretor e se deita.

Mário: – Vamos ver que bebê é este que você está falando!

A.: – É você! Quando está amedrontado, necessitado de pôr para dentro a "comida" que eu tenho para te oferecer, e você vem com esta parte sua de diretor-gorila que sufoca o bebê.

M.: – Que bebê é este? É um bebê paranoico. Ele não deve aparecer! E tem que ficar largado ao frio, à fome e sem carinho. Você está com os dias contados! Você tem seis dias para acabar com esta disputa. Eu não vou deixar você ganhar. Vou te matar. (Está satisfeito.)

A.: – Você-gorila mata eu-bebê?

M. (gritando): – Este bebê é um paranoico! Lá na escola, faz muito tempo que ele está lá. É deste tamanho (entre o polegar e o indicador)! Tem 17 anos! Aí, com 4 anos, eu o levei para o diretor da escola, para lá, e o prendi na imaginação de uma secretária. E lá vai ficar! E não vai crescer nunca! Você é uma paranoica! Querer o bebê de volta! Ele tem que ficar lá enquanto eu não for viver. (Ato falho!)

A.: – É! Porque você não está podendo viver de fato sem você-bebê, que precisa ser atendido por nós dois! E o diretor-gorila não deixa!

M.: – Não! Só se você vencer! Ao contrário, só quando eu morrer!

Comentário de D. Meltzer (21 de fevereiro de 1980):

> *Agora o assunto de ser capaz de deixar a escola – do interior da mãe – emerge e o significado claustrofóbico desse lugar torna-se evidente, primeiro saindo do* toilette *e em seguida entrando na sala de análise. Isso*

pode indicar que a negação do significado não é apenas para negar. Há confusão, mas também ansiedade persecutória (claustrofóbica), quando trancado no toilette, *e dor depressiva (incapaz de voltar para você).*

Comentário de D. Meltzer (22 de fevereiro de 1980):

A introdução da personificação da ansiedade persecutória (diretor) é sua maneira (da analista) de dar um nome à ansiedade e pode não corresponder à estrutura da personalidade dele. Pelo menos, não há, até o momento, uma evidência clara. Porém, o bebê emerge nas sessões anteriores e pode ser falado concretamente. O que emerge é uma diferença entre o bebê dependente trancado dentro e trancado fora e aquele que sabe – a criança latente que sabe tudo com sua possibilidade de nomear e categorizar.

A tentativa de silenciar você com a almofada também sugere uma ansiedade infantil de ser achatado pelo seio. O desafio que ele propõe é como uma caçada ao tesouro na qual, como num conto de fadas, o herói tem que encontrar algo num tempo limitado ou perder (sua vida, no caso do herói, ou o bebê, no caso da heroína).

Então, você é a heroína que deve encontrar o bebê antes que ele morra de frio e fome. Está claro, você deve encontrá-lo dentro de si (a escola), onde ele está crescendo como um embrião e deve arriscar a sua vida como cada mulher faz ao dar à luz. Ele pegou sua designação de diretor e secretária[1] *para indicar seu estado*

1 Aqui houve um equívoco, a designação de diretor e secretária foi do paciente.

de confusão inicial sobre suas tendências masculina e feminina e sobre a relação sexual dos pais na produção de bebês. Agora está sugerido que algum aspecto dele pode morrer se você não conseguir localizar o bebê-paranoico, ou seja, a urgência não é só sua, mas também dele.

Sessão seguinte

Como um trajeto de ônibus, ele vai enumerando os lugarejos e as cidades de São Paulo a Montevidéu. Não me dá atenção nenhuma quando falo, continua "transmitindo seu trajeto".

Digo-lhe que, quando me encontra, sente-se perdido, confuso, e então usa de trajetos bem demarcados, que têm início e fim, e se põe dentro desse trajeto para evitar sentir. Quando termina a hora, ele está "no meio do trajeto de volta para São Paulo, de uma cidade para outra" e me pede para ficar mais um pouquinho.

É uma surpresa para mim esse pedido que, superficialmente, serve para cumprir sua determinação obsessiva de terminar o trajeto, mas...

Sessão seguinte

(Logo na entrada, ele segura a almofada.) Já continua a falar o trajeto do ponto em que tinha parado ontem e vai descrevendo o trajeto de volta até São Paulo.

Eu digo que fez de conta que não estava separado, pois ver-se separado é tão perigoso para ele e para mim que teve que nos ligar pelo trajeto de ida e de volta. E só se separou agora.

Então ele faz uma dramatização: é a Legião do Mal que quer destruir a Terra e os Superamigos que vão impedir. Ele enumera então os personagens (Super-Homem, Mulher Maravilha, Scooby-Doo, Bionicão, Aquaman etc.). Ele está bastante agitado, vai vivendo a cena de ataque e invasão de um lado e de defesa do outro, até que a Legião do Mal ficou sob controle dos Superamigos. Então se deita.

Eu continuo a história dizendo que, desse modo, há esperança de que Mário-Superamigos vença Mário-Legião-do-Mal e, assim, a Terra-Analista não será destruída.

Ao ouvir isso, ele vai me chamando de boba, burra, com um tom de desprezo. Passa a me chutar e aproxima seu pé do meu rosto, dizendo: "Cheira, cheira meu pé".

Eu lhe digo que agora é o Mário bravo com a analista por sentir que perdeu o controle sobre ela e quer amedrontá-la, calá-la.

Ele continua xingando e sujando a parede com os sapatos e querendo dar chutes em minhas pernas, e eu tenho que segurá-lo.

Material clínico de março e abril de 1980 enviado ao Dr. Meltzer para supervisão

Semana de 17 a 20 de março de 1980

Ele entra, me cumprimenta e começa a contar sobre um campeonato de futebol, dos jogos que se realizaram em que os resultados são sempre, por exemplo, 4x3 ou 2x1. Para ter acesso, eu vou comentando em voz alta que o Mário está me dando tantas notícias e falando de tanto campeonato que a mim só resta escutar, e mais, vou tomar nota; abro a caixa para pegar uma folha e uma caneta.

Ele, pela primeira vez, intervém, proibindo-se de mexer na caixa. Eu lhe digo que esta é a função que ele está me dando, e que então eu devo cumpri-la (estou representando). Mas ele é categórico: "Fica quieta e muda. Quietinha, senão vou te dar chutes".

Esta situação vai evoluindo e ele me agride, me ameaça para eu ficar quieta e "não penetrar na caixa" (palavras dele). "O conteúdo desta caixa, você nunca o verá", ele diz.

Analista: – O seu medo é que eu te mostre o conteúdo daquilo que você pensa ter guardado nessa caixa, e você faz de tudo para que eu e você não nos aproximemos. Por exemplo, contando histórias e mais histórias.

Mário: – Cala-te boca.

Nota: é interessante observar que, quando termina a sessão, ele se despede me dando a mão, como velhos amigos que acabaram de brincar (a representação).

Comentários de D. Meltzer:

> *O "campeonato" está sendo na sala de análise e parece ter o sentido de quem é que fala, quem é que alimenta e quem é que escuta, quem é alimentado, uma reversão do bebê-peito. Nesse caso, "dentro do menino", dentro do peito, o segredo da criatividade do peito.*
>
> *Enquanto isso pode ser tomado num nível anal ou genital, essas duas áreas não incluiriam o mistério do corpo da mãe, que aparece como central. A ameaça de chutar, transformando o peito em futebol, transforma o campeonato numa mera competição de objeto total, bebê nível tardio; parece-me ser mais essencial para o seu papel de guardião da caixa e seus mistérios, tornando sua língua relacionada com sua mente, como o*

mamilo é o guardião do peito. Um nível mais convincente e emocional.

É notável ele habitualmente não ter grande objeção a que você anote as coisas que ele diz. Isso provavelmente lhe agrada, cria fantasia e não parece ser um procedimento útil. É a "inspeção" na caixa que ele critica, isto é, descobrir o cerne do mistério.

Sessão de 18 de março de 1980

Mário: – Hoje, campeonato, série B, jogos etc.

Analista: – Vamos anotar as declarações importantes que o Sr. Mário vai falar. (E pego a caixa, abro, tiro uma folha, a caneta.

M.: – Nada disso! Fecha! Não mexa aí! (E vai guardando tudo e pondo a caixa no lugar.) Se você não ficar quietinha no seu lugar, vai apanhar!

A.: – Eu não posso ficar quietinha vendo você massacrar o pobre Mário-bebê! (Ele tenta me bater, tenta me controlar para que eu fique quieta.) Para que tantas histórias?

M.: – Precisa! Para entrar na sua cabecinha e deixar você confusa! (Está seriamente empenhado em que eu não "penetre no conteúdo desta caixa"). Você não vai ver nunca mais, não saberá nunca!

A sessão está bastante dramatizada e ele está estimulado por mim ao contato, mas também ele está permitindo o contato. Há um momento em que se deita e pede para descansar, para eu ficar quieta, surda, cega, sem me mexer.

A.: – Nem posso respirar?

M.: – Não, respirar pode!

Ele desliga o ventilador e diz que só será ligado quando ele sair. Na saída, ele diz:

– Fique aí com seu ventilador.

Comentários de D. Meltzer (18 de marco de 1980):

> *"Entrar em sua cabecinha e deixar você confusa", precisamente o objeto de sua reversão. Mas a sua oposição para o controle dele gradualmente exaure sua reversão e ele cai numa passividade, permitindo a você respirar (falar) e ser deixada sozinha até o fim com seu ventilador (a conversa-coito com o ventilador-pênis leva embora todas as más conversas que colocou na cabeça da analista para fazer você entrar numa confusão entre bebê e peito).*

Sessão de 20 de março de 1980 – Última da semana

Ele entra e, como tem acontecido de costume, começa falando do campeonato, os grupos e as séries a que os times pertencem, e continuamente olha para mim.

Desde as sessões anteriores, ele vem verbalizando que eu tenho que ficar muda e quieta, que eu sou boba, burra, besta e incompetente. Que eu nunca vou conseguir nada, e os psicanalistas são uns pretensiosos. A conduta dele na sala é de que tudo é dele, e para mim não tem nada, nenhuma oportunidade, nenhum espaço para falar, desliga o ventilador e liga na hora que lhe convém, ele é o dono e eu sou sua escrava.

Se eu falo, ele me ameaça de todos os modos: "Te dou um chute, hein!"; "Tiro o seu ar, hein!"; "Ataco por tudo, hein!", dirigindo-se para os armários da sala.

Nota: parece-me que agora esta situação está sendo vivida conscientemente por ele na transferência. Este é o gorila. É o aspecto do triunfo e da arrogância. O outro aspecto é o fóbico, ou seja, existe o medo, o terror da relação com o outro. Existe o bebê necessitado e impedido de ser atendido, que não pode se mostrar. Há uma criança autossuficiente, uma criança-adulto, que é pai e mãe de si mesma, por medo de se entregar aos cuidados de pai e mãe.

Comentários de D. Meltzer (20 de março de 1980):

> *Essa expansão não é entendida como enriquecendo você, assim como o bebê é tomado de acordo com o que Bion chama de "Superego", uma figura baseada na identificação projetiva com a parte-objeto que proclama sua superioridade.*
>
> *Similarmente ao peito que alimenta a si mesmo de Mrs. Klein, a intenção é de projetar sentimentos de pequenez, fraqueza, pobreza, ignorância e inveja. Se você, como peito, resiste a essa reversão, você se torna o peito-bola de futebol que pode ser chutado, "tirando seu fôlego".*

Sessão de 25 de março de 1980

(Dedo com curativo na mão esquerda.)

Analista: – O que houve?

Ele não responde.

A.: – Você acha que eu sei o que aconteceu.

Mário: – Os alunos do CIAM, Luís Artur, tal e tal.

Eu ouço-o durante alguns minutos. Ele me observa de vez em quando.

A.: – Que beleza, olha como ele sabe tudo, olha como é professor, olha como é diretor, olha quanta coisa ele conhece. Olha como ele sabe e controla tudo! Olha que gênio! E eu a boba, burra, besta quadrada, incompetente! (Palavras dele nas últimas sessões a meu respeito.)

Mas ele não para de falar e eu tenho que falar por cima de suas palavras e me encaixar nas pausas.

A.: – Olha quanta coisa, que maravilha! Mas para que te serve? Digo-lhe que parece um Mário-papai conversando com a Analista-mamãe a respeito de um bebê (paranoico).

M.: – Este bebê paranoico deve ficar trancado na escola e nunca mais deverá sair.

A.: – E um pai sádico! E a mãe dele?

M.: – A mãe dele morreu. Mas não é possível libertar este bebê, que está cada vez com mais fome, quase morrendo. Se fosse libertado, a mãe dele poderia fazer dele um grande homem! Mas isto nunca acontecerá, só se eu for vencido! Ah! Ah! Ah!

Comentários de D. Meltzer (25 de marco de 1980):

> *A reversão, tendo entrado em colapso, e a possibilidade de alimentar o Mário-bebê apareceram agora. O perseguidor da relação mãe-bebê se intromete entre a mãe e o bebê ferido (dedo cortado) e é necessário fazer um tipo de controle com esse perseguidor para alimentar o bebê; por outro lado, o bebê sente que sua mãe está morta (silenciosa) e não pode alimentá-lo para se tornar um grande homem. Esse perseguidor pode representar um pai mau, mas eu duvido disso nesse ponto, uma vez que ele não pede nenhum relacionamento com*

você, como peito-mãe, ele somente quer o poder para interferir.

Sessão de 22 de abril de 1980

(A sessão anterior não ocorreu porque foi feriado – segunda-feira.)

Ele fala dos campeonatos. Os resultados são sempre 2x1 ou 3x2. Faz uma pausa.

Eu lhe digo que ele fala para que tenhamos um trilho, para que ele e eu não pensemos em mais nada, a não ser no que ele diz.

Ele me manda calar a boca.

Eu lhe digo que ele não quer que eu interrompa a ilusão de que ele está criando tudo, a sala, eu, a história, e tudo é ele.

Ele me manda calar a boca.

Termina de falar do campeonato e me pergunta se sexta-feira vai ter sessão.

Analista: – Não sei. Se eu tiver horário eu reponho, você quer? (aludindo à reposição de segunda-feira-feriado; está mais tranquilo e mais receptivo; deita-se.)

Mário: – Burra de carga! Incompetente! (e me dá um chute.)

A.: – Qual carga, a sua? Aquilo que você não quer e me dá para eu carregar?

M.: – Hé! Hé!

(O interessante é que ele está mais desperto para o contato. Está mais comigo na sala.)

A.: – E como vamos juntar o fato de que você me chama de burra, incompetente, e me pede uma sessão na sexta-feira?

M.: – Fruum. (Gesto e barulho como para me assustar, um movimento de me espantar para longe.)

Depois, deitado, ainda fica os 20 minutos finais acompanhando com o dedo e olhando o relógio em tom baixo: 1 e 5 (uma hora e cinco), 1 e 10, 1 e 15, 1 e 20, 1 e 25, 1 e 30. O mundo inteiro e você. 1 e 35, 1 e 40, 1 e 45. O mundo é notícias. 1 e 50...

Comentários de D. Meltzer (22 de abril de 1980):

> *Novamente a reversão até ele poder pedir para que a última sessão seja reposta. Contudo, ele sente também que você está triunfante com a necessidade dele e volta a ser abusivo, não na reversão, mas deitando-se como um bebê ressentido, observando o tempo precioso, contando-o para ter certeza de que este não foi roubado dele. "O mundo inteiro" = o seio, e você = a mãe objeto total.*

Sessão de 28 de abril de 1980

Assim que chega, atrasado, diz: "Estou atrasado?", e me pergunta quase em seguida se vai ter sessão sexta-feira (quinta-feira é primeiro de maio – feriado).

Analista: – Não teremos reposição sexta-feira, só em outra oportunidade. (Fica mais claro para mim o seu interesse e necessidade.)

Seus olhos se enchem de lágrimas. Eu pergunto se vai chorar. Ele diz que está resfriado, e seus lábios tremem como um beiço de quem vai chorar. Muco escorre pelo nariz. Eu lhe digo que, se quiser se limpar, tem lenço no banheiro. Ele vai buscar, limpa-se e volta.

A sessão continua, ele dando resultados de jogos quaisquer.

Comento que Mário está com a analista e contando qualquer coisa que o faça sentir-se grande, pois o que o está ameaçando é sentir-se pequeno, bem pequeno, e precisa de analista para crescer.

Ele não se opõe, ao que lhe digo e me olha atenta e interessadamente.

Continua a sessão com outra história.

Durante os dez ou quinze minutos finais, fica deitado mexendo em seu corpo e "acompanhando os ponteiros do relógio, falando as horas e tocando o visor do relógio".

Eu lhe digo que está entretido com seu corpo, suas ideias, e que isto lhe dá prazer, como, por exemplo, o de mexer em seu pênis.

Ele diz para eu calar a boca. Que sou boba, burra, incompetente etc.

Comentários de D. Meltzer (28 de abril de 1980):

> *Aqui você vê a possessividade infantil e a reversão operando ao mesmo tempo e, finalmente, a reversão vencendo temporariamente, mas sem triunfo ou desprezo, somente por alívio, e então permite que o bebê faça a contagem regressiva. Aqui eu acho que você está errada em sua interpretação e merece ser repreendida por ele.*

Questões técnicas colocadas pela analista ao Dr. Meltzer

Primeira questão – Já há mais de um mês, na primeira e na última sessão da semana, ele fala de resultados de jogos acontecidos no domingo, por exemplo: Palmeiras ganhou de 4x3 do Corinthians; São Paulo ganhou de 4x3 do Santos etc. E, assim, ele passa grande parte dessas sessões, dando sempre o resultado de 4x3.

Eu lhe falo dos encontros que ele fica imaginando enquanto não está comigo e o 4x3 é sempre um mesmo resultado. Pergunto-lhe o que é 4, é mamãe, papai, Mário e Marcelo (irmão)? E o 3, é mamãe, papai e Mário? E vou fazendo todas as combinações possíveis, incluindo-me também nos 4 e nos 3 de que ele tanto fala.

Ele tenta me agredir fisicamente quando digo essas coisas. Em outras sessões, ele passa a dar resultados de 2x1.

Aqui, Dr. Meltzer, eu penso ver esse material de dois ângulos:

O da forma. O tipo de trabalho mental, a capacidade de funcionamento de seu aparelho psíquico e que uso ele está fazendo; e como se dá o aprendizado dele por meio da experiência etc.

O dos conteúdos. Dos significados. Das angústias. E das relações entre seus conteúdos psíquicos e sua estrutura psíquica para contê-los.

E aí preciso recorrer a Bion.

Segunda questão – Ele desenvolve histórias, algumas delas da literatura infantil, como a dos "Três Porquinhos" e a do "Sítio do Pica-pau Amarelo", porém com algumas transformações. Assim, ele utiliza, por exemplo, a estrutura de uma história, mas modifica os personagens. A história dos "Três Porquinhos" foi transformada em história de três meninos, André, Mário e Rubim, e o Lobo foi transformado em leão mau e a moral: "antes o dever e depois o prazer".

Na história do "Sítio do Pica-pau Amarelo", ele inclui três personagens: Sílvio, Mário e Horácio, que é um gozador e que diz "que os dois primeiros pertencem a uma espécie em extinção", "e que não se fazem mais pessoas como antigamente".

Ele está utilizando seu próprio nome nas personagens das suas histórias. Ele tem utilizado o nome de um personagem para várias histórias.

Durante a representação das suas histórias, um personagem é desmascarado, é revelado como cópia (xerox) e o seu original não está atuando na história. Esse recurso que ele inventou permite ao personagem livrar-se de alguma ameaça que se torna muito real, parece-me, durante a história.

É interessante ir acompanhando mais um pedaço de uma história que ele começou contando, às vezes até um ano atrás, como, por exemplo, o da "Santa do Pau Oco". Isso lembra uma forma utilizada na televisão para novelas, por exemplo, onde se anuncia, por algum tempo, o título da novela, ou mesmo se mostra um *trailer*, e depois começam os capítulos. "Os capítulos dele" têm intervalo de tempo que não se assemelha ao ritmo dos capítulos de uma telenovela.

Enquanto está contando as histórias, há momentos em que elas são tão vívidas emocionalmente que torno a me perguntar se ele não está mesmo alucinando e se todos aqueles personagens estão ali mesmo. Tenho a ideia dele "fabricando brinquedos mentais" e soltando-os pela sala para brincar com eles.

Terceira questão – As agressões físicas ocorrem quando e toda vez que eu lhe falo, interrompendo suas histórias; às vezes, eu permaneço ouvindo-o até o fim, há um momento em que ele se deita e permanece quieto. Muitas vezes, é a hora que eu utilizo para falar com ele, e é um momento em que geralmente ele me ouve, faz contato e responde. Poderia dizer que é um momento alcançado de uma sequência estabelecida por ele e que eu posso descrever o que observo de todo um comportamento comigo, levando em conta a sequência e a distância que ele mantém comigo. Assim:

1. Contato no início da sessão (aproximação).

2. Representação de uma história (afastamento).

3. Término da representação (momento potencialmente factível de aproximação).

4a. Deitado, numerando listas, números ou lendo o relógio até o fim da sessão (afastamento).

4b. Contato comigo caracterizado por xingar-me de boba, burra, incompetente e ameaçar-me de me chutar ou outras agressões se eu não ficar quieta (aproximação).

Nota: quando falo do contato e da aproximação, estou me referindo à do objeto externo-analista.

Quarta questão – Outros detalhes observados em sua conduta já há vários meses: quase o tempo todo da sessão está segurando a almofada do divã. É parte integrante do seu corpo durante todas as representações, que são sempre executadas em pé, no meio da sala, com muita dramaticidade e expressão corporal. Lembro que, no início da análise, seus braços balançavam no vazio e ele se movimentava como marionete.

Quando está sentado no divã, ele costuma manipular a almofada, abraçá-la, apertar a boca contra ela, mordê-la levemente, apertá-la e tornar a esticá-la e somente a larga para deitar-se em cima, apoiando a cabeça.

Poderia pensar em objeto acompanhante? Ou objeto transicional?

Respostas de D. Meltzer às questões

Primeira. A natureza da transferência infantil de intensa e voraz dependência ao peito (a mente da analista), ao mamilo (o relógio) e ao pênis do pai (o ventilador) traz severa ansiedade de separação e o deixa vulnerável a um perseguidor que o ridiculariza e o deprecia, você. Ele tende a defender-se contra isso por reversão via identificação projetiva, fazendo de você o bebê ridicularizado e dependente, cuja voracidade deve ser brutalmente controlada. Assim, ele não retira o mamilo (os conteúdos da caixa e do relógio) e toma o controle do seio, do tempo, do mundo todo e de você.

Eu pensaria que esse material é adequadamente entendido nos termos de Melanie Klein e da porta de entrada da posição depressiva, assim descrita no processo psicanalítico. Os conceitos de Bion a respeito dos símbolos masculino e feminino dos distúrbios do pensamento não parecem estar presentes. Ele apresenta estruturalmente um problema de inadequada cisão-e-idealização, ele não pode partir de uma combinação de uma parte idealizada do self com uma parte idealizada do objeto, como uma base segura.

Segunda. A função das histórias, assim como a dos sonhos na análise de adultos ou a do brincar na de crianças, é a de estabelecer uma contínua narrativa que descreve o fluxo e o refluxo da organização narcísica de partes da personalidade e das relações objetais. Este fluxo e refluxo precisa ser seguido e devolvido em interpretações demonstrando como o narcisismo agrava as ansiedades das quais ele procura defender-se enquanto as relações de objeto amenizam as perseguições; mas o colocam em contato com sentimentos depressivos, especialmente em conexão com separações, mudanças de horário, momentos em que você falha na compreensão etc.

Terceira. Quando esse tipo de atuação-na-transferência é substituído por brincar-como-comunicação, é necessário, a fim de ser ouvido e não se acotovelar para pensar alto, interpretar o paciente. A sequência na sessão corresponde, como eu havia sugerido, a certas defesas abrindo caminho para o choro e o contato infantil, mas, como nas abordagens finais, há uma tendência novamente para virar-se contra você, sobretudo se ele sente que você não compreende a intensidade de sua ansiedade sobre a separação que está se aproximando.

Quarta. Esse comportamento com respeito à almofada é certamente a possessividade em relação ao peito. As tendências a abusar da sensualidade, a dependência adesiva, a fusão e a separação. Isso contrasta com o comportamento desarticulado, o comportamento marionete, quando, no começo, ele não tinha um foco, que Bion (1988) chama de "O" e Money-Kyrle de "lar", em torno do qual o ego corporal se forma e esse conceito é construído. Não é um objeto transicional, mas uma representação na transferência do peito-mente da analista. Mas poderia facilmente se tornar um objeto transicional se a tendência sadomasoquista e fetichista fosse levada em conta.

Material clínico de julho e agosto de 1980 enviado ao Dr. Meltzer para supervisão

Sessão de 31 de julho de 1980

Ele é um trem e é o que acomoda as pessoas no trem, gritando o nome das estações e fazendo o som ("Chug... chug... chug..."), imitando o trem andando. Ele para em cada estação, alguns passageiros deixam o trem, outros entram continuamente até o fim da sessão. A cada sessão ele diz:

– Os que quiserem sair que saiam, os que quiserem entrar que entrem. Aos que saem, uma boa jornada de trabalho. Aos que entram, que fiquem bem confortáveis e boa viagem.

Faz de conta que põe o trem em movimento ("Chub ... chub ... chub ...") até a próxima estação e cada vez ele repete tudo. Eu lhe digo que ele está falando sobre o que acontece entre nós: os passageiros que entram e saem são as coisas que lhe digo e ele coloca dentro de si, e as coisas que ele diz eu ponho dentro de mim, e assim por diante.

Enquanto eu falo, ele continua com a sua representação, sendo o trem etc.

Comentários de D. Meltzer:

> *Os processos de projeção e introjeção estão agora na dianteira do material. Enquanto parecem referir-se aos bebês entrando e saindo do corpo da mãe, estando confortáveis dentro e desfrutando do trabalho fora, deve haver também uma referência às idas e vindas dele ao seu consultório e também da comida entrando e as fezes saindo de seu próprio corpo.*

Sessão de 1 de agosto de 1980

Ele continua exatamente com a mesma representação. Eu lhe digo que ele está falando sobre despedidas e encontros como um modo de ter controle sobre as despedidas e encontros entre nós. A partir dessa intervenção, ele continua a representação do trem, mas em silêncio, apenas movendo-se pela sala. Pareceu-me uma resposta ao que lhe disse. Seguiu, depois, com a representação e a fala.

Eu lhe digo como me sinto impotente de romper esse círculo vicioso no qual ele está. Acredito que ele tem muito medo de ser invadido com o que eu falo e se sentiria impotente e que, ao atuar desse modo, ele fica com tudo (o espaço e a atenção, tentando prender minha mente e agarrar-se a ela como ele faz com a almofada).

Considerações da analista

O trem, a estação, entrar e sair evocam elementos simbólicos: o trem-Mário, o trem-Mário-genital, entrando na estação Analista-genital; o trem correndo pelos trilhos é um caminho seguro; atuando assim, ele se sente protegido da angústia de não saber o caminho. A cada sessão, há um caminho que vai resultar da situação emocional que se desenvolve. Seu medo seria ter um destino do qual não pode escapar, e essa é a minha contratransferência.

A sequência que ele segue dentro da sessão e de uma sessão para outra parece ser "a mãe que Mário construiu".

Comentários de D. Meltzer:

> *Ele não foi capaz de estreitar o espaço dessas possibilidades, introduzindo a emoção. Assim, ele se torna repetitivo, sem sentimentos e potencialmente sem fim. Deve ser tarefa do terapeuta selecionar um dos muitos*

sentidos para focalizar a atenção e trazê-lo para os sentimentos. Isso você fez, focalizando o problema da separação e encontro, introduzindo uma atmosfera depressiva. Porém ele a quebrou de novo e projetou os sentimentos depressivos em você. Mas, em vez de seguir o tema da separação, você mudou completamente para uma área mais sexual porque você talvez tenha confundido os sentimentos depressivos de desesperança com sentimentos de impotências, e isso fez você mudar seu estado de mente.

Eu pensaria que, apesar de o tema sexual estar seguramente lá, está menos carregado de sentimentos e muito mais cheio de onipotência do que o tema da dependência infantil e o medo da separação. Eu penso que você pode estar bastante segura de que, das duas atividades, a projetiva (evacuação) e a introjetiva (alimentação), as ansiedades de separação são mais severas nesta última. Assim, você precisaria se aproximar mais devagar, após ter lidado com esse aspecto em que o trem representa as suas fezes e o problema de ser capaz de reter, controlar e encontrar um receptáculo certo para receber seus destroços. Você parece estar muito perturbada pela repetição das ações de Mário e deseja interpretações que tenham "um impacto mutativo". Isso ocorrerá pela mobilização de seus afetos como quando ele continuou sendo o trem, mas em silêncio. Eu pensaria que ele se deprimiu nesse ponto e que isso foi um claro indicador de que o tema da separação teria que ser seguido com ênfase em sua necessidade por uma Analista-lata-de-lixo.

Do material clínico para a teorização

Essas supervisões foram um ponto de partida para experimentar pôr em prática essa abordagem na análise de Mário, e encontrou um terreno propício, uma vez que pareciam estar se esgotando meus recursos para analisá-lo. Por exemplo, a sugestão de Meltzer de que eu não lhe falasse diretamente, mas me mantivesse numa atitude de "ruminação e ponderação", falando o que eu pensava, parece resultar útil. E o que eu tenho lhe falado está acompanhando um plano interpretativo e uma linguagem mais concreta para se dirigir às suas fantasias.

No entanto, levou algum tempo para que eu "assimilasse" esses conhecimentos e pudesse experimentá-los na prática. Cheguei a sentir tantas dificuldades em continuar a analisá-lo que me questionei quanto às "minhas condições técnicas" para essa análise e quanto às condições dele de analisabilidade. Movida por essas questões, tentei avaliar que tipos de progressos haviam ocorrido após cinco semestres de análise, seja na relação comigo ou em sua vida externa. No trabalho analítico, ele comparecia regularmente às quatro sessões da semana e dava mostras de "tomar conta" de seus horários, reposições, trocas. De fato, a mãe informou que ele fazia questão de vir à sessão e cuidava de chegar na hora.

Ele mostra agora uma fisionomia mais expressiva, olhar mais em contato com o ambiente, a movimentação da boca deixou de dar a impressão de "língua solta na boca" e sua postura corporal também está mais articulada quando comparada com a desarticulação (marionete) do início. Há três semestres, ele agarra uma almofada assim que entra e a mantém constantemente na mão enquanto está em pé, dramatizando suas histórias. O conteúdo de suas histórias ficou mais nítido, menos confuso.

O que me parece inalterada é sua "aderência" às sequências-histórias dramatizadas, que ele estabelece organizando o tempo e o espaço da sessão para falar sem ser interrompido, isto é, "recusa em ouvir". Os pais acham que ele está "mais vivo", mais "ligado" a eles. Aceitou a mudança do CIAM para uma escola normal; continua se isolando quando há pessoas da família reunidas e, em um quarto, fica falando suas histórias. Esses foram os progressos. Nesse período, enviei novo material a Meltzer, como segue.

São Paulo, 30 de janeiro de 1981

Caro Dr. Meltzer,

Desejo-lhe um ótimo ano, extensivo à Sra. Harris.

Só agora consegui seu livro *Exploration in Autism*, que tenho lido a fim de clarear meu entendimento do que se passa com Mário, e isto ajudou a esclarecer alguns dos seus comentários acerca do material clínico que tenho lhe enviado, além de levantar novas dúvidas. Desde a última supervisão, recebida em julho/1980, ficou evidente a necessidade de desenvolver e aprofundar meu conhecimento acerca da teoria kleiniana, indispensável para tentar analisar Mário. O conhecimento da teoria facilita a organização do pensamento para falar, por exemplo, dos dados de observação, e passa a ser obsoleto se usado no lugar do contato, com o paciente e com a experiência. É o que mais apreendemos na formação analítica da SBPSP. Esta foi fortemente influenciada pelos ensinamentos de Bion e, no momento, não sei avaliar as dimensões desta "influência" em minha prática clínica.

Dois meses atrás, minha disposição para a análise de Mário estava um tanto abalada, e me perguntava se era viável essa dupla, se eu tinha condições técnicas e pessoais para analisá-lo. Por exemplo, se eu, de fato, estava suportando uma longa fase em que ele monotonamente repetia listas e mais listas, negando-se ao contato real. Se havia bom senso na indicação para análise.

Essas perguntas me levaram a querer o progresso desta análise e a disposição de cada um da dupla para o trabalho.

Mário comparece regularmente às quatro sessões da semana e sempre muito interessado em conseguir substituições de horário quando há algum impedimento para comparecer à sessão.

A mãe (que o traz ao consultório) tem dado novas informações e confirma que ele faz questão de vir à análise e controla o horário para não chegar atrasado. Os pais acham que ele está "mais vivo", mais em contato com eles. É metódico e muito apegado ainda "às coisas" que ele gosta de fazer e às suas "invenções", mas está mais gentil, menos violento quando defende seus interesses egoísticos. Tem se masturbado com certa frequência; não gosta que investiguem acerca de sua atração por mocinhas, ou interesse em namorar. Aceitou a mudança de uma escola para excepcionais, onde permaneceu por seis anos, para uma escola normal. Gosta muito de ir à casa da avó com os pais, mas, chegando lá, fecha-se num quarto e fica falando alto as suas histórias.

Comigo tem se mostrado com fisionomia mais viva, com dicção e movimentação da boca mais articulada. Sua postura física mudou bastante, também está articulada (no início, parecia uma marionete) e segura constantemente uma almofada do divã durante a sessão.

Há uma comunicação direta comigo na chegada, quando me cumprimenta, e na parte final da sessão, quando verbaliza rejeição a mim e recusa ao que lhe digo. A comunicação "indireta" continua por meio de suas histórias, com elementos fantásticos e elementos que aludem a "acontecimentos" que acredito serem decorrentes da relação comigo. Mantém-se alterada sua "aderência" às histórias; ou melhor, a toda uma sequência por ele estabelecida e que organiza o tempo e o espaço da sessão para ser ouvido sem ser interrompido.

E agora: como poderia continuar esta análise?

Tento descrever e seguir o meu jeito de falar com ele durante a sessão. Talvez porque imagino que não tenha tido a oportunidade de expressar claramente minhas impressões, e a primeira delas é que "Mário estaria presente apenas fisicamente, e que sua mente está na história que ele está falando e que ele faz deste modo pelo medo de perceber que está comigo aqui".

"...que o contato comigo desperta tantas coisas que ele não sabe o que são, e é disto que se defende, agarrando-se às histórias que ele inventa".

"...que ele reage a este contato que lhe provoca confusão em sua organização".

"...que ele desloca para as coisas da sala o que ele sente, por ser mais tranquilo..."

Mas o que lhe desperta o contato humano? Por que ele se sente tão insuficientemente aparelhado para lidar com as emoções que o contato humano desperta? Em que consistiria essa insuficiência? Como a análise pode ajudá-lo a "aparelhar-se" para as experiências emocionais e seu aprendizado?

Dr. Meltzer, o senhor já emitiu em momentos diferentes várias opiniões a respeito de Mário, que em resumo são:

- Ele apresenta estruturalmente um problema de *splitting* e idealização inadequados e não pode formar ainda a continuação de uma parte idealizada de si mesmo com o objeto idealizado, uma base segura.

- Ele usa de identificação adesiva, na qual o objeto é bidimensional por não ter desenvolvido a noção de espaço interno e, portanto, os objetos não ficam internamente.
- Ele se viciou no uso de objetos autísticos.

Agora as dúvidas:

O uso de reversão indica que ele usa do mecanismo de identificação projetiva, portanto, há uma configuração de objeto tridimensional. Entretanto, ele perde esse nível de organização muito facilmente e passa para o nível bidimensional do objeto. Isto quer dizer que ele não distingue entre a ausência de um bom objeto e a presença de um objeto persecutório?

O que são objetos autísticos?

Mário apresenta os mecanismos obsessivos derivados do autismo como defesas autísticas contra as relações objetais?

O senhor vê Mário como apresentando uma perturbação autística residual?

Estou incluindo dois materiais, um mais antigo para fazer um exercício em retrospectiva e o outro deste semestre que ilustra, a meu ver, o fato de Mário estar fechado em sua própria defesa.

O senhor deve ter percebido o quanto seus comentários têm sido de ajuda, e espero ter sido clara em minha exposição, apesar da tradução para outra língua.

Cordiais saudações,

Marisa.

Necessidade de organizar uma síntese teórica acerca dessa experiência

As questões a que procurei responder foram as seguintes:

Em que ponto está detido o desenvolvimento de Mário?

Quais são os "medos" e a situação "traumática" que ele repete compulsivamente?

Quais são seus recursos defensivos?

Quais são suas necessidades a serem cumpridas para que seu desenvolvimento prossiga?

A defesa parece mostrar sua primeira necessidade: ter um ambiente para prover o tipo de experiência simples, repetitiva e isolada de quando era um bebê e ao redor do qual pode ter lugar a dissociação primária (cisão e idealização do objeto e do self) e a organização da personalidade.

Mário apresenta cisão e idealização inadequados, de modo que o objeto não é mantido com segurança. As "sequências-histórias" narradas por ele, assim como a fragmentação das experiências emocionais em pequenas "frações", parecem ter a finalidade de prover uma alternativa simples e repetitiva.

As "sequências-histórias" talvez sejam um sucedâneo da necessidade de adesão ao objeto. A necessidade de aderir-se fisicamente ao objeto ou de ter o mamilo na boca foi substituída por um "produto mental" feito de histórias que mantêm sua mente unida. Parece que Mário, em parte, resolveu a intolerância de ter um espaço entre ele e o objeto, criando um objeto aderido em sua mente, sucedâneo do mamilo na boca. Isso seria equivalente a ter um objeto continente para sentir-se suficientemente contido dentro de sua pele, como o bebê, que assim pode tolerar ser desprendido dos braços da mãe, quando está desperto, sem que não sobrevenha a não integração do seu self corporal. Bick considerou ser esse o pré-requisito para a adequada cisão e idealização e, assim, a resolução satisfatória entre bom e mau. Esse objeto que ele criou, ao qual se adere e que mantém uma união mental, o protege do desamparo e, talvez, da iminente catástrofe de cair num abismo se "surgir o espaço" (entre ele e o outro). Todavia, o mantém detido, pois o impede enormemente de ter um intercâmbio vital que o estaria nutrindo e fazendo-o crescer. Esse intercâmbio vivo de projeção-introjeção entre ele e eu só acontece em algumas ocasiões. Na maior parte do tempo, ele está dentro dos seus personagens, de suas histórias, e toda a sua mente fica nessa vivência, parecendo "não sobrar mente" à qual eu possa falar, com a qual estabelecer contato.

Sugerido pelo material clínico, o mamilo representa um segmento perigoso do seu objeto como um intruso que interfere no acesso ao conteúdo do seio. Então, o seio sem mamilo parece ser um objeto bom, onde poderia entrar e servir-se. Se o seio insiste em ter mamilo (precursor das fantasias acerca do pênis), a solução é ele, Mário, tornar-se o mamilo-pênis, apossando-se de seus atributos, convertendo-se, então, no agente que controla e repara o objeto materno (como provedor exclusivo). Isso é o que acontece na transferência continuamente. Desse modo, a experiência de ciúme e rivalidade fica desprovida de significados, e isso atende à necessidade da posse exclusiva do objeto. Em outra configuração, o objeto de Mário parece ser bom quando fica vazio de pênis e então se transforma em passivo e escravizado – eu devo ficar quieta, passiva, sem língua (pênis) para não falar (coito); ele é a boca-língua-pênis; quando eu falo, ameaço destruir a idealização de que sua boca é a fonte de todo o prazer para o seio (objeto materno).

O comportamento de segurar a almofada é a representação do seio-mente na transferência, e aí vemos a possessividade, a tendência a abusar da sensualidade, a dependência em apegar-se, aderir-se, e à fusão. Esse comportamento contrasta com a desarticulação marionete, comportamento do primeiro ano de análise, quando ele não tinha o que Money-Kyrle chama de o lar ao redor do qual o ego corporal se forma.

A intolerância à separação existe toda vez que se faz presente uma absoluta dependência do objeto externo, a fim de manter a integração do self. Aparece sob a forma de necessidade de contato físico, de atenção constante ou de ser mantido em contato por meio da verbalização constante, com o propósito de manter unidas as partes do self, de modo a formar uma área de espaço vital dentro do self, a qual possa manter os objetos da realidade psíquica. Nessas condições, o uso da identificação projetiva para exercer o controle onipotente é uma precondição para uma relação de objeto.

O que eu chamei de "sequências-histórias" é parte de seus recursos defensivos e merece algumas considerações.

A sequência, como um fio condutor, como dizia no início, e essas histórias parecem manter uma continuidade externa visando anular as "descontinuidades" internas e as descontinuidades existentes na realidade externa; ou, dito de outro modo, o que pretende ser contínuo não deixa lugar para interrupções, não deixa espaço onde possa aparecer o não programado. Isso equivale a dizer que a sequência tem a finalidade de produzir externamente a não relação comigo, algo que ele não tem estabelecido internamente, um objeto contínuo, sequente, que não desaparece de repente, deixando-o entregue a si mesmo, ameaçado de morte. A sequência mantém uma barreira protetora, contínua e uniforme que suas emoções (provocadas pelo contato comigo, pelas fantasias que emergem desse contato) não podem atravessar e, assim, não o expõem a "estados ameaçadores" para sua vida psíquica. É claro que essa barreira falha, e é quando ele se desorganiza e passa a usar dos recursos tentando refazer essa barreira (números, códigos, listas).

As histórias são a verbalização das fantasias que emergem pelos contatos com a realidade externa. Há sessões em que a verbalização é uma atuação, no sentido de as palavras já serem a realização da fantasia, em que falar a palavra, nomear, já é estar de posse ou ter realizado; está aí a atividade mental que da fantasia "pula" para a realização, sem que se admita um tempo para a transformação em "realização". A esse fenômeno, Meltzer chama de uso dos mecanismos obsessivos primitivos, além da utilização defensiva já conhecida.

Na transferência, Mário emprega esses mecanismos obsessivos de uma forma maciça, indicando ter sido esse o modo de organizar sua personalidade, possivelmente a partir do episódio do autismo e servindo para dominar a crescente complexidade das suas relações objetais. Segundo Meltzer, tais mecanismos obsessivos, bem como os mecanismos autistas, são intentos de uma simplificação da experiência por conseguirem dispersar a experiência de objetos em modalidades sensoriais e motoras; desse modo, as experiências emocionais ficam reduzidas a um nível de simplicidade em que apenas parecem mentais. E aí está a razão da aparência de deficientes mentais, de crianças como Mário.

Mário tem uma quantidade de conhecimentos inúteis. Por exemplo, ele sabe todos os vencedores da Taça de Ouro desde 1960; ou todos os graduados do CIAM desde 1974; ou todos os resultados dos jogos dos quatro últimos campeonatos de futebol etc. Mostra também conhecimentos de história, geografia, da Bíblia, e parece fazer uma leitura desses assuntos procurando validar suas fantasias, por exemplo, a respeito do corpo da mãe, de ter certeza de seu domínio, de delimitar os territórios geográficos diante da ameaça de invasões. Esses "conhecimentos" estão, de certo modo, aprisionados na sua organização, separados uns dos outros, e servem mais para serem guardados, catalogados, do que para serem usados a serviço de seu crescimento.

Os processos onipotentes de possessão invasora e de controle são necessários diante de sua equação simbólica de separação do objeto materno e morte. Essa equação é consequência de sua dificuldade de introjetar o objeto materno. Desse modo, os objetos aprisionados na sua organização e separados uns dos outros não podem ser usados (nem ser unidos). Os momentos em que percebe estar separado do seu objeto materno (e na transferência), este "estar externo a ele", o fazem sentir ansiedade ao constatar que os objetos são livres e não estão sob o seu controle. É o que acontece, por exemplo, próximo às separações mais prolongadas (fins de semana, férias). Essas ansiedades intensificam seus mecanismos de controle onipotente e separação dos objetos, pois o perigo é que, ao ir se desfazendo dessa organização obsessiva, haja perda dos limites que estão prevenindo sua invasão e, assim, "caia num estado idealizado de total fusão com o objeto" (autismo). Como já foi referido, essa organização obsessiva interfere no processo adaptativo, pois, com a "supersimplificação intelectual" do pensamento obsessivo, fica prejudicada a experiência e a resposta emocional diante da complexidade do mundo. No entanto, a gravidade de um pós-autista está ligada à perturbação da organização do espaço mental, ou seja, diferenciação do interno e do externo ao self e o dentro e fora do objeto. Para que seu desenvolvimento prossiga, é necessário ir restabelecendo esse intercâmbio de projeção e introjeção, movimentando as emoções "trancadas" na organização obsessiva, para que Mário se anime a manter comigo uma "relação alimentar" (boca-mamilo-seio).

4. Combate ao uso de objetos autísticos e novas explorações: como continuar a relação analítica

Combate ao uso de objetos autísticos

Sessão de 2 de fevereiro de 1981 – Segunda-feira (reinício após as férias de verão)

Atendi-o às 14 horas em vez de 13h15, mudança feita no dia e, para tal, telefonei para a casa dele solicitando a troca de horário.

Ele está de muito bom aspecto e olha-me mais detidamente.

Mário: – Vamos continuar a nossa história do príncipe que estava preso e o rei mandou matá-lo, os guardas o levaram para a floresta, mas chegando lá falaram para fugir. E ele correu, correu até que caiu e adormeceu. Aí, os animais o acordaram e lhe mostraram a casa dos oito anões. O príncipe foi para lá e, quando os anões chegaram, ele lhes contou sua história e todos votaram para que ele ficasse, menos o Humberto, que foi contrário. Enquanto isso, no reino, o rei estava furioso, e o príncipe que estava preso conseguiu fugir, e o rei mandou guardas atrás dele. O rei se fantasiou de bruxo e levou maçãs envenenadas, e o príncipe deu uma dentada e caiu morto. Aí, o príncipe foi acordado e quiseram comemorar, mas ele disse que não gostava de comemorações, e então o forçaram a tomar vinho (e imita a voz embriagada). Depois disso, pegaram pimenta para despertá-lo...

Eu vou dizendo que ele vive como a Branca de Neve em versão masculina comigo, em que eu sou a que o abandona (se ausenta nas férias, morre) e ele fica internamente com o rei-Marisa malvado que o ameaça de morte-desespero. E que o rei-marido-da-Marisa surge para matá-lo, fazê-lo dormir (durante as férias todas) até que Marisa-outro-príncipe (e aí a identidade fica confusa) o acorda. E ele príncipe-Mário ficou muito assustado com o telefonema de Marisa-sedução-vinho que o embriagou-provocou muita emoção e lhe fez mal como pimenta. Que do príncipe-Mário que estava com os anões (nas férias) dividiu-se também um príncipe-Mário que estava com o rei e a rainha (que ele não mencionou em momento algum) e que escapa e se junta ao príncipe-Mário que estava com os anões nas férias neste momento na sessão. E aqui estamos Mário e Marisa juntos. (O elemento sensual-embriagador pimenta.)

Sessão de 3 de fevereiro de 1981)

(Muito difícil hoje por ele se utilizar do relato-listas-controle-obsessivo.)

Mostro-lhe que hoje está mais presente aqui e suas emoções desorganizam a sua ordem. Ele usa listas e catálogos. Ele me bate com a almofada como que querendo anular minhas palavras.

Digo-lhe que entendo que se sente ameaçado, pelo contato comigo, de sair de sua "organização", onde se sente seguro e controlando tudo. Ele tenta, mas com dificuldade, fazer um roteiro de avenida, de onde saem as bifurcações e trifurcações. Eu lhe mostro como se sente perdido e faz estes caminhos organizados.

Então ele passa a dramatizar a história do Visconde que está indignado porque (os árabes) vão passar uma via férrea pelo sítio (do Pica-pau Amarelo) e assim vão devastar árvores e partes de fazendas. E ele diz: "Mais do que nunca, precisamos ficar unidos e nunca nos separarmos".

Eu lhe digo que a via férrea-Marisa está passando pelo sítio--Mário, assim como o trem-Mário passa pela via férrea-Marisa.

Ele faz esta cena após ter me batido com almofada e mostrado a língua e eu ter falado de suas transformações: seu pênis querendo entrar na Marisa e como ele se sente confuso em ter necessidades de bebê e necessidades de adolescente.

Sessão de 16 de fevereiro de 1981

Mário: – Todos os secretários da ONU foram assassinados. O ladrão foi preso, mas está numa sala de psiquiatria da cadeia. A formiga atômica salva Pedrinho etc.

Eu lhe falo que todos os secretários=marido-de-Marisa=papai foram assassinados por ele durante o fim de semana, pois eles pretendiam invadir e roubar tudo. Que este é um sentimento invasor e possessivo que ele tem comigo, agora que ele reconhece que pode ter uma imaginação perturbada, ou ser ele, agora, o secretário--Marido-de-Marisa-papai que se apossa da ONU-Marisa-mamãe na ilusão de salvá-la dos ataques dos "secretários". (Não preciso dizer o quanto ele me manda calar a boca e me bate com a almofada, mas eu noto que, em muitos momentos, aceita me escutar.) Continuo dizendo que ele está tendo dificuldade em lidar com essas emoções provocadas pela "entrada do marido-de-Marisa-papai e se faz de invasor, dominando-me, controlando-me, pois só ele pode falar o tempo todo e eu tenho que ouvir o tempo todo, e isso lhe dá "sossego". Do contrário, "reclama".

(Agora já se deitou e, com uma lista, escrita no ano passado, de XV de Piracicaba que enfrentou Ponte Preta.)

Analista: – E aqui você não se enfrentou, você se retirou nesta lista onde vejo você falar com prazer, como se suas palavras enchessem sua boca e ela ficasse ocupada para não permitir a entrada do peito-Marisa para você se alimentar; seus olhos veem essas coisas escritas que não te dão surpresa e seus ouvidos escutam suas próprias listas, e isto tudo te dá prazer. E eu vejo também que "pegar o meu peito" = ouvir minhas palavras te dá muita dor, te confunde; você sente coisas que não sabe catalogar nem pode controlar. Quando você me vê como um recipiente aberto onde você entra e sai e tira e põe o que quer, isso te dá domínio sobre mim, mas te deixa entregue ao medo de ser um ladrão assassino que você deve controlar a qualquer custo, e é nisso que você parou.

Sessão de 19 de fevereiro de 1981 – Quinta-feira

Nota: na sessão de ontem, após sua história dramatizada, eu me levanto no fim para falar-lhe e ele me conduz de volta à cadeira. "Senta!", ele ordena. Ele me ameaça e começa a me bater e eu lhe digo que é para que eu me sinta amedrontada e me submeta a ele.

Dou-lhe um papel com os horários e os feriados da próxima semana (carnaval). Seus olhos voltam a congestionar-se e ficar vermelhos momentaneamente, como num choro. Digo-lhe que percebo sua emoção pelo aviso da separação mais prolongada pelos feriados. Ele não responde, passa a contar sua imensa história de super-heróis, Legião do Mal *versus* Superamigos e de Pedrinho (uma figura com quem agora ele se identifica nas histórias e que, com a ajuda da Formiga Atômica, vence). Termina e deita-se. Mas emite sons "sensuais" e de aflição; apega-se muito às almofadas do sofá, tendo uma relação carinhosa com elas. Eu vou lhe dizendo que se sente invadido por sensações cujo sentido ele não sabe, vejo-o emocionado com as "mudanças". Será que ele consegue me manter dentro de si até a próxima sessão?

Ele fala para eu calar a boca. Eu digo que calo. Vamos fazer vaca amarela,[1] nem ele nem eu falamos. Toca o ventilador, toca a tomada, bate na parede quando fala comigo, como se a parede e eu fôssemos a mesma coisa. Diria que, quando está nas histórias, está em ligação com o objeto que possui por aderência, do qual a almofada é o representante sensual. As manifestações sensoriais, sensuais são variadas, sinto como se estivesse me tocando. Hoje pensava, enquanto ele representava, que a movimentação dos braços e das mãos ainda é balançante, é automática, como se não estivesse de posse daquele segmento do corpo que está preso à almofada que ele passa de uma mão para outra, bate de leve, vira para cima e para trás da sua cabeça e corpo como um domínio integrado de seu corpo. Como se fosse um segmento de mim que ele possui em fantasia e que faz parte dele?

Sessão de 9 de março de 1981

(Ele viu o paciente anterior sair. Entra cumprimentando com um aperto de mão e olhando-me bem nos olhos.)

---

1 Vaca amarela é um jogo infantil para guardar silêncio, e o primeiro que for falar come todo o cocô dela: "Vaca amarela cagou na panela quem falar primeiro come todo o cocô dela".

Mário: – A Prefeitura deseja uma boa viagem... (Os olhos se enchem de lágrimas).

Analista: – O que há, Mário, ficou triste, começou sua viagem e está emocionado?

Não responde. E segue falando de um trajeto, como um mapa rodoviário, de São Paulo até Montevidéu, até os últimos minutos da sessão. Os trajetos contêm os seguintes dados:

"Miracatu 2 km. Registro 12 km. Jacupiranga 22 km.

Miracatu entrada a 1 km.

Miracatu --------

Registro 2 km. Jacupiranga 12 km. São José dos Pinhais 22 km.

Registro, limite do município.

Registro, entrada a 1 km.

Registro etc. etc. etc.

Passagem de fronteira - do Brasil (dentro) para Montevidéu (fora).

Ritmo - 2 - 12 - 22 - 1."

Analista: – Mesmas distâncias, segmentos numa progressão igual, de São Paulo até Montevidéu."

Analista: – Mário está aqui fisicamente, visualmente, sensorialmente, mas sua emoção está a caminho, para ir se gastando. O medo é de chegar e se agarrar à Marisa-saco-de-pancadaria (alusão às suas frequentes investidas físicas, me batendo) e correr o risco de ser invadido de emoção.

Ele continua com seus segmentos uniformes, progredindo para o Sul, para baixo. E falando continuamente, como se estivesse comendo suas próprias palavras, alimentando-se de suas próprias fezes, que parecem estar sendo confundidas com palavras e sua boca confundida com ânus. Quando eu "pego a charada" do trajeto (ele ameaça me bater com a almofada).

E quando chega ao fim do trajeto-mapa, ele diz que amanhã vai fazer o caminho de volta, rindo para mim, e eu, acompanhando o seu humor, digo que assim nem precisamos da sessão de terça-feira, vamos direto para a quarta-feira. Quando lhe digo que estudou os mapas rodoviários em casa para falar aqui, mas que parecem não corresponder aos verdadeiros, e eu vou tomar nota para ver, ele não me deixa abrir a caixa.

Sessão de 10 de março de 1981

Mário: Prefeitura de Montevidéu, Limite do Município de Canelones, Estrada de Canelones, etc., etc., etc.

Ritmo 33, 33, 1. E assim vai percorrendo o caminho de volta e, quando chega ao limite do Brasil, as distâncias voltam a ser 2-12-22-1 até chegar à Prefeitura de São Paulo. Vou lhe dizendo o que penso significar o que ele está dizendo:

Analista – Dentro do Brasil-Marisa-mamãe, ele está numa relação a dois (como mãe-bebê) e fora do Brasil-exterior-país estranho-fora dos limites do controle dele-Montevidéu-Marisa-mamãe, ele está numa relação a três ao atravessar a fronteira há invasão (o terceiro).

Ir é admitir a invasão, e voltar é o movimento contraedípico para reparar maniacamente e restabelecer a mútua idealização mãe-bebê (eu-ele na transferência), na qual o pai (na transferência, aquele que está comigo quando não estou com Mário) invadiu a mãe e quem sabe houve estragos (pai, invasor-destrutivo), aspecto dele negado no nível edípico, assim como, no nível oral, ele nega sua destrutividade para com o seio.

Sessão de 11 de março de 1981

(A mãe conversa rapidamente comigo por questões de recibo e imposto de renda e avisa que o pai irá me telefonar à noite.)

Ele já entrou na sala e, quando vou entrando, me dá a mão e me puxa mais para dentro, indicando o lugar onde habitualmente me sento (o sentido parece-me ser: "Você é minha"). Inicia a "narrativa":

– Em 1941, o vencedor do campeonato foi "x", o campeonato foi de tanto a tanto. Em 1942, o vencedor foi "y", em 1942 etc.

Eu vou dizendo que ele sabe o tempo em que isso ocorreu, os limites de tanto a tanto, e o resultado do campeonato. Que assim ele se tranquiliza, não pensando em outro campeonato que está acontecendo agora, aqui na sala, entre ele e eu, pois ele me vê como uma adversária, ele transforma a relação dele comigo, que é de colaboração mútua para alimentação e crescimento dele, num campeonato e eu numa adversária para ver quem é que fala e quem é que ouve, quem é o peito e quem é a boca. Quando eu falo com a mãe ou o pai, eu fico adversária; assim como quando eu me levanto, ou falo e ele me impede, fica evidente que ele não pode ter sobre mim todo o controle que ele imagina precisar ter, para que eu não desperte nele emoções que o deixam sem saber. O controle é para imobilizar-me, tornar-me sua propriedade, um objeto inanimado, como qualquer coisa da sala, a almofada, por exemplo.

Ele ouviu tudo dando-me espaço e, em seguida, continuou falando. Evidenciou-se a seguir sua negação de que esteja incorporando o que lhe digo. Ele não manifesta que quer "pegar o mamilo", e resulta que eu tenho que me encarregar de pôr o mamilo em sua boca e forçá-lo a sugar. Após essas intervenções, ele modifica a narrativa:

– 1912, o campeonato deu como resultado: 1º lugar, X com 4 pontos; 2º lugar, Y com 3 pontos; 3º lugar, Z com 2 pontos; último lugar, K com 1 ponto. Em 1913, a classificação do campeonato foi: 1º lugar, A com 4 pontos; 2º lugar, B com 3 pontos; 3º lugar, C com 2 pontos; 4º lugar (último), K com 1 ponto etc.

Eu digo que agora ele foi mais para trás no tempo e há quatro lugares para classificação, não é só um vencedor... E os resultados são os mesmos. Do que ele está falando agora?

Nessa sessão, como nas anteriores, o contato real comigo está aumentado. Hoje "nós entramos num acordo": ele delimitou minha área física, traçando um risco imaginário no chão, além do qual eu não posso passar.

Sessão de 12 de março de 1981 (última da semana)

Dá um aperto de mão e uma olhada. (Contato aumentado, há emoção e desprezo pela emoção, dando uma gargalhada contida).

Mário: – Senta! Ali! (Dirigindo-se a mim.) 1945, os classificados etc.

Analista: – Então, você vai continuar o de ontem do ponto que você deixou?

Ele continua falando, mas sua fisionomia está mais amena e os momentos de contato comigo, aumentando. Eu digo que vou desenhar para ficar esperando. Se ele pode me dar uma folha e lápis. Acompanho as classificações ano após ano, cuja sequência vai até 1981. Termino o desenho, ele acha bonito e diz: "Então, se acabou, vou guardar tudo", e assim o faz, numa atitude de tolerar uma necessidade. Continuo ouvindo o que ele fala numa atitude interna de total aceitação do fato e tentando trabalhar em cima dessa defesa.

Analista: – É muito importante para você dizer, falar continuamente para manter minha mente ligada a você, agarrada a você como essa almofada (para satisfazer seu desejo de posse exclusiva). É seu modo de você estar comigo: fazendo cocô continuamente em cima de mim, mantendo-me ocupada e achando que você é o peito que me alimenta, e eu bebê. Só que está confundindo cocô com leite e sua boca com o seu ânus; e, apesar de você "mamar" um pouco enquanto me cobre de cocô, isso fica escondido e, às vezes, o seu medo é de que você fique confuso quanto a pôr dentro o leite que você impede de sair (me impede de falar), ou seus cocôs com os quais você me cobre, e quando eu falo você tem medo que sejam seus cocôs que eu estou devolvendo.

Ele vai escutando isso tudo que eu vou falando, enquanto continua agora mais pausadamente a falar dos resultados de 1978 etc. Assim que chega a 1981, ele passa a falar que, em fevereiro, no jogo Guarani x Palmeiras, houve os seguintes gols, e aí irradia partes da partida com os lances principais e gols.

Quando termina a hora, ele faz um sinal para esperar um pouco e termina de falar uma classificação.

Eu lhe digo que aí está o seu desejo de prolongar o tempo de ficar comigo, aparentemente justificado pelas suas necessidades imperiosas de terminar a programação.

Sessão de 7 de abril de 1981 – Terça-feira

Ao chegar, Mário me cumprimenta com um aperto de mão e, em seguida, limpa a mão que lhe dei. Ligo com os sentimentos de eu estar suja por "ter sido ocupada" pelo paciente anterior; ver que não é o único o perturba.

Ele continua com as "tropas invasoras" que iniciou ontem. A descrição é contínua e inexorável. A atitude de me manter sob controle com sua fala continua mantendo tudo como está; sob absoluto controle recusando-se... leva-me nessa sessão a uma "estratégia" e verbalizo:

– Ele me mostra sentir-se tão perseguido aqui, como se tivesse que prolongar sua vida, que está submetida a uma sentença que eu vou executar e que os pais mandaram. E que agora toca a ele resolver se ele quer continuar a análise que é dele, que tem a intenção de ajudá-lo e que só pode ser realizada se ele quer e colabora. É claro que se ele sente que é para persegui-lo, como um castigo, para fazer-lhe cumprir uma pena, ele tem que se esconder mesmo.

Ele responde (após várias insistências) que é para deixar para o meio do ano isto. E me bate com a almofada (como que para inutilizar o que eu disse). Eu digo que ele vai decidir se quer continuar, pois não é obrigado a fazer análise.

Além de me bater com a almofada, vai olhar embaixo da pia do armário. Ele passa a falar de 1940, dos meses de outono, inverno, primavera, verão. Depois ele fala de uma onda de calor acarretando problemas, estiagem e desidratação (evidente ligação com as emoções vindas de minha intervenção).

A partir da semana de 13 a 16 de abril de 1981, decidi tornar minha presença mais marcante para combater o seu uso de objetos autísticos!

Apenas falar-lhe alto, ruminando, mostrando-me presente e interpretando suas ansiedades, pareceu-me não ser suficiente, além de estar permitindo o uso de objetos autísticos. Quando ele entra e inicia suas histórias, eu permaneço em pé junto com ele. E quando ele fala em sequências de números com intervalo de quatro números, e eu descubro, e falo o número seguinte (148), mostrando com isto ter "matado a charada". Ele fica furioso, ele me bate e tenta readquirir o controle obrigando-me a voltar para "aquele meu lugar", ou então me ameaça, investindo furiosamente com almofada, banco, caixa, pontapés e subindo em cima da mesa para sentir que me domina.

Agora sinto haver um contato real. Ele foi responsivo ao interromper sua "relação autística" a contragosto. Está havendo uma resposta, as emoções estão podendo ser "controladas", parece-me que vale a pena continuar. Estou, desse modo, competindo com a defesa-sequência-histórias, seu objeto autístico. No entanto, esse combate ativo aos objetos autísticos parece-me uma postura não analítica, e sim pedagógica: analisar essa situação seria mostrar-lhe que ele se agarra ao objeto autístico pelo medo do contato real com emoções que não aguenta viver.

Sinto estar transitando entre meus sentimentos de impotência e/ou intolerância pela expectativa de mudanças psíquicas que não acontecem e pela analisabilidade de uma mente nas condições descritas.

A partir dessas reflexões, as minhas tentativas de interrompê-lo se tornaram constantes, lutando contra o uso dos objetos autísticos.

De fato, desde o início do ano estou trabalhando no sentido de experimentar conviver com Mário, tentando me pôr em contato com seu "objeto" defensivo, autístico e também comunicativo (a dramatização de personagens), que já foi muito mais rico e ultimamente ficou reduzido à verbalização de listas, sequências de números etc. Agora, manifesto interesse pelo que diz, perguntando quanto ao que está dizendo, pedindo esclarecimentos, adivinhando sequências de números, comentando que ele usa os dados históricos como quer etc.

Aventurei-me à experiência de "proibi-lo" de usar a sessão toda para falar de listas, fazê-lo entender que precisa me dar um espaço, que temos que fazer esta tentativa, que ele tem que encontrar outras alternativas, usar de outros recursos. Ele "respondeu" a essa minha atitude limitando o uso desse "objeto" durante as sessões.

Tustin acha que o objeto autístico deve ser combatido, mas, se eu pensar que a minha função é analisá-lo, a minha atitude não deve ser de combate: devo mostrar-lhe que ele não quer ser interrompido por mim, quer ficar unido com seu "objeto" e não quer contato comigo. Devo mostrar-lhe que ele nem se opõe a vir, que ele não se opõe a nada, pois não se liga a ninguém e tem um grande recurso de estar com "seus objetos", em lugar de pôr-se em contato real comigo. Que ele está bem assim, sem sofrimentos. Que os pais sabem que ele está atrasado, e querem ajudá-lo e o trazem para a análise. Mas e ele? Que funções ele me dá? Eu o escuto, recebo-o diariamente, falo com ele. E ele sente ter um lugar para ser ouvido, olhado, apreciado em suas *performances*... No "jogo de identificações projetivas", ele é uma mãe que sabe, que está ocupada e não pode dar atenção a um bebê (analista), que deve ficar quieto, imóvel, sem falar para não perturbar e não interromper a mãe (ele). Mas o que ele vive, ao mesmo tempo, é uma experiência real de ser ouvido, e interrompido (a analista como uma mãe diferente), e ele um bebê que pode falar, ter um lugar para uma mãe que está totalmente disponível para ele.

Sessão de 17 de agosto de 1981

Mário fala de um país muito vasto onde há regiões muito quentes e muito povoadas, regiões muito frias, com iglus perto do Polo, com esquimós e regiões muito férteis.

– A região Amazônica pode ser explorada, mas cuidadosamente, e ela tem muitas riquezas. A outra região não pode ser explorada porque tem muitos índios e é muito quente. As regiões de savanas... nada, não se pode cultivar.

Mário está dirigindo a mim o tempo todo esta história-metáfora, olha para mim o tempo todo, animado, como se houvesse uma esperança, e continua sua explanação. Minhas anotações do ano de 1981 testemunham meu "combate" aos objetos autísticos até chegar a propor uma nova exploração: a entrada da mãe na sessão para participar do processo.

Novas explorações

Por "explorações" me refiro a algumas iniciativas excepcionais tomadas pela analista que não correspondem ao procedimento analítico usual e não constituem recurso conveniente em qualquer caso, mesmo os que apresentem dificuldades semelhantes.

Assim, ao final de novembro de 1981, a mãe passou a participar de uma das sessões semanais. Nessa nova situação, Mário assume uma postura totalmente passiva, excluindo-se, deitado no divã, encolhido e cobrindo a cabeça, às vezes, com uma almofada.

Há um evidente "deixar para mim e a mãe a tarefa". Apresenta também, nas primeiras sessões conjuntas com a mãe, uma movimentação física que pode ser descrita como um escorregar-se pelo divã, parecendo um bebê que tenta descer e subir do lugar onde foi colocado. A mãe participou por um período de seis meses (novembro de 1981 a maio de 1982), durante os quais foi evocando dados, acontecimentos, foi se emocionando, trouxe fotografias a meu pedido, assumiu a tarefa de rever, dentro das suas possibilidades, o relacionamento com esse primeiro filho... Ela, porém, não pôde ir além, pensar no que significa ter um filho assim e como se sente em relação a essa experiência. Sua vida imaginativa parece ser bastante "trancada", fazendo uso de apelos extraverbais para ser ajudada.

Dessas sessões conjuntas, ficou patente a atitude de Mário excluir-se, deixando para a mãe e para mim a iniciativa da conversa que poderia ser a três. Tive a oportunidade de fazer uma reconstrução histórica mais completa do desenvolvimento de Mário, em que a mãe aparece como cuidadora de um bebê que não devia adquirir maus hábitos (como colo, adormecer com a mãe, tudo o que exigisse maior presença da mãe). Com tais normas, parece que era evitado o contato emocional com o bebê, situação que possivelmente provocava intensa angústia nela.

A mãe procura ser "muito objetiva", atitude que me pareceu servir para diminuir o contato com sua própria realidade psíquica, com sua própria vida imaginativa e, portanto, também com seu bebê. Quando a mãe passa a referir um comportamento mais atual do filho, por exemplo, de não a solicitar quando está doente, não pedir companhia, não lhe pedir coisas, ela não estabelece conexão entre essa atitude de Mário e a relação que havia proposto a ele quando bebê.

As entrevistas tentaram mobilizar na mãe recursos para vincular-se com outros aspectos de Mário que não podiam ser usados pela visão deformante dos "sintomas" dele.

De fato, após algum tempo, a mãe refere que Mário passou a fazer alguns pedidos, por exemplo, ter um cachorrinho, no que ele foi atendido. Passa a brincar com a mãe tampando-lhe os olhos e pedindo para adivinhar quem é e só a libera quando ela declama seu nome: Mário.

Quanto às histórias de Mário, a mãe não sabe precisar quando começou essa "mania", mas informa que, antes de saber ler, ele pedia que ela contasse histórias todos os dias. Também via revistas junto com a mãe, olhava o índice e ia procurar o assunto... e lia o título... e ficava com a revista, olhando-a e folheando-a muitas vezes.

As histórias que ele inventa e fala sozinho, segundo a mãe, estão relacionadas com vivências atuais dele. A mãe percebe que ele é ultrametódico, de rotina rígida e é compulsivo no uso das histórias. Ele diz à mãe: "Agora vamos embora para casa fazer 'minhas coisinhas'", atividade que consiste em ir para o seu quarto ou escritório, onde fica falando, agarrado a uma fita métrica ou a um cordão de plástico. Invariavelmente interrompe a fala quando a mãe entra no quarto, e quer que ela saia logo para poder continuar.

Nesse período em que a mãe participa de uma sessão por semana, Mário intensifica suas programações de "repórter-locutor-ator..." e, às minhas aproximações entre o que está falando formalmente e o que parecem ser suas emoções, ele responde batendo-me ou continuando a falar (sem parar para me ouvir), ou ouvindo-me e até rindo das minhas interpretações, e, como último recurso, parando de falar e se deitando com a cabeça coberta com a almofada.

Essa nova exploração levou-me a pensar novamente num desacerto da relação mãe-bebê, com fatores tanto de um quanto de outro, que contribuiu fortemente para a construção de um objeto-sem-interior na mente de Mário. Embora a mãe não tenha referido episódio de depressão pós-parto, vejo-a em estado misto de depressão e ameaça. Nunca a vi sorrir, e é difícil imaginá-la "sonhando" com seu bebê, enquanto responde a seus apelos com cuidados físicos. Fazendo uso da concepção de Bion de *rêverie* materna, chega-se a pensar que, no caso de uma criança autista, o que aconteceu de trágico foi o fracasso da dependência primária.

O fracasso primário da função continente do objeto externo (pela tendência à sensualidade primitiva, fusão e a grande possessividade) leva ao fracasso do conceito de um self continente.

Essa atividade de Mário contar histórias, como os pais referem e como ele mostra durante a sessão, seria um sucedâneo do brincar. A criança usa brinquedos como instrumentos para os objetos da fantasia e do pensamento, mas Mário nunca pôde brincar dessa forma. Os brinquedos de Mário são as palavras. As palavras para ele são coisas, e não o que representam, comprovando que há uma falha evidente na formação dos símbolos.

Penso também que o contar histórias para Mário seja uma autocontenção patológica. O desenvolvimento de uma "segunda pele" (Bick, 1968), em que a dependência é substituída pela pseudoindependência, como se manifesta na conduta do "repórter-locutor", protege-o do desamparo, mas o mantém detido, pois obstrui o intercâmbio de projeções-introjeções necessárias para o crescimento. Nessas condições, o uso da identificação projetiva para exercer o controle onipotente é uma precondição para a relação de objeto.

Relato escrito pela mãe sobre o desenvolvimento de Mário

O Mário chorou muito até os 3 meses, reagia com barulho. Depois dos 3 meses, ele era uma criança calma; onde eu o punha ele ficava, contanto que eu estivesse perto dele. Foi sempre um nenê durinho e, com 3 meses, firmava bem as perninhas, chegando até a dar passos. Não era de babar.

Com 5 meses, ele começou a gostar de uma música ("A Banda") e, quando ele a ouvia, começava a dançar. Se a gente oferecia alguma coisa sabendo que ele não queria, ele fazia que não com a cabeça.

Com 9 meses, ele conseguia, com um dos pés, girar a roda do carrinho. Sentou sozinho pela primeira vez com 9 meses e andou com 13 meses; com 10 meses disse a primeira palavra: "mama".

Das palavras que eu me lembro, primeiro ele balbuciou: "dada", "dede", depois "mama", "cocô", imitou o pai falando "sai daí", tentou falar o nome de uma menina: Hélia, que ele falou "Heia".

Com 18 meses levou um susto e parou de falar, mudou de comportamento, começou a ficar muito agitado, andando de um lado para o outro, a não se interessar por brinquedos; ficava o dia inteiro nessa agitação, movimentando muito os braços, chegando até a bater nas orelhas, andando de um lado para o outro. Essa brincadeira de "esconde-esconde" até hoje ele não suporta que se faça com ele. Chega a pedir pelo amor de Deus que não se faça isso, pois sente uma coisa estranha.

Antes do acontecido, lembro-me dos seguintes fatos: quando ele tomou a vacina tríplice, eu o virei de bruços e ele começou a brincar com o ferro da mesa, todo alegre; quando ele sentiu a picada, chorou sentido. Tinha cócegas nos pés. Quando fomos tirar fotografia de pose, ele gostou de uma bola e, quando o pai a tirou dele, reagiu chegando a fazer cara de choro.

Após o susto, ele mais parecia um boneco que andava e comia. Quando saía com ele, não podia soltar de sua mão, pois ele saía andando, parecendo não ter noção de perigo algum.

Com 22 meses, levei-o a um pediatra e cheguei a falar para o médico que ele não era normal. Enquanto o médico o examinava, a enfermeira deu-lhe uma caneta "Bic" e ele conseguiu destampá-la e tirar o pininho que ela tem em cima. O médico não achou nada de anormal, somente um pouco agitado; receitou um calmante, mas eu não quis dar. Levei-o a outro pediatra, e este nos encaminhou para a neurologista. Ficou um ano em tratamento, não tendo quase nenhum efeito.

Com 3 anos, quando nasceu o irmão, é que ele despertou, começando a demonstrar apego pelo irmão, pela mãe e depois pelo pai. Não gostava que o pegasse no colo, não queria abraços nem beijos. Tenho uma fotografia do irmão com 9 meses na qual ele está beijando o irmão.

Não sei se foi o nascimento do irmão ou se foi ele ter ficado separado de mim durante os três dias que fiquei no hospital. Nesses três dias, ele ficou com a minha sogra, na casa dela. Levamos apenas o berço dele, e, quando eu saí do hospital, parei na casa da minha mãe para almoçar e depois ir para a minha casa. Pedi ao pai que fosse buscar o Mário. Quando ele chegou, eu tinha esperança de que ele iria ter alguma reação, de me abraçar, correr para o meu lado, porém ele entrou indiferente, como um boneco. Então, fui abraçá-lo, mas ele nem tomou conhecimento.

Quando fomos para casa, passamos na casa da minha sogra e o pai levou-o para que ele continuasse lá por mais alguns dias; porém, quando o pai se virou para sair e ele percebeu que eu e o irmão estávamos no carro, e o pai iria deixá-lo, chorando, agarrou-se ao pai e só se acalmou quando o pai o pegou no colo e o trouxemos para casa.

Reagia sempre que alguém falava que levaria o irmão. Quando eu fechava a porta para ir ao empório e deixava o irmão dormindo, ele me puxava pela mão querendo dizer: "Mãe, pega o Marcelo".

Começou a comer sozinho quando eu comecei a dar sopa para o irmão. Sentou na cadeira e queria que eu desse sopa para ele; como não era possível dar para ambos ao mesmo tempo, eu coloquei a sopa no prato. Ele ficou reclamando, mas depois pegou a colher e começou a comer sozinho.

Fomos a um passeio com parentes e, como não tínhamos carro, eu e o irmão fomos em um e o Mário foi em outro carro com o pai. Ele chorou durante todo o trajeto por estarmos separados. Na volta, viemos os quatro no mesmo carro.

Em outro passeio que fizemos, o irmão tinha mais de 1 ano e queria brincar com os primos longe da gente, mas Mário ia até o irmão, puxava-o e o fazia ficar perto de nós. Se íamos andar pelo sítio, tínhamos que ir os quatro de mãos dadas, caso contrário ele se queixava e nos trazia para perto uns dos outros. Ele gostava muito do irmão, dos coleguinhas, mas não se interessava em brincar com eles, e geralmente ficava isolado, correndo de um lado para o outro, não participando das brincadeiras com eles diretamente.

Tinha uma caixa de areia no quintal e, quando ele pegava na caixa, logo ficava atrapalhado para limpar a areia das mãos, parecia que sentia arrepios.

Era muito difícil mexer nos objetos de casa, mas apegava-se a um tipo de objeto, por exemplo, latarias de compras (conservas) etc. Sempre estava com alguma coisa nas mãos, delas não se separando. Por exemplo: um frasco de colônia ou uma lata com letras, fita métrica. Houve uma época em que ficou com a tampa do liquidificador; essa tampa tinha uma tampinha menor, e ele vivia tirando e colocando a tampinha, ou simplesmente ficava com ela na mão. Em outra época, apegou-se a revistas, em especial do Mickey, do Pato Donald, e ficava o dia inteiro com o objeto, até dormia com ele.

Ele começou a deixar de segurar objetos aos quais se apegava por volta de 8 ou 9 anos. Nessa época, ele estava ligado às revistas do Mickey e do Pato Donald; olhava muito as revistas, mas não ficava com elas na mão. Todas as vezes que passávamos em frente a uma banca, tínhamos que comprar uma revista para ele. Entretanto, embora tivesse deixado o apego às revistas, sempre manteve as mãos ocupadas com algo: bainha da camisa na boca, botão da camisa. Esse hábito permanece até hoje.

Aprendeu a ler e a conhecer cores nas revistas. Antes, com menos de 5 anos, ele já conhecia os números até 50. Aprendeu com calendário e fita métrica.

Como ele aprendeu a ler: mandava que eu lesse o índice das histórias; na primeira ou na segunda vez, ele já conseguia ler sozinho.

Ficou uma época ligado na leitura da Bíblia, em geografia, história do Brasil e tudo o que se relacionasse com o mundo. Atualmente, está ligado em futebol. Na televisão, ele só quer ver o canal 5; no rádio, só ouve a Bandeirantes.

Começou a falar com 5 anos e 2 meses, mas, antes de ele falar, ele já sabia as letras do alfabeto, os números até 50, as cores e os doze meses do ano. Quando ele não falava, puxava a minha mão para pegar o que ele queria.

A neurologista orientou para que, toda vez que ele puxasse a minha mão, antes de dar o que ele queria, falar várias vezes bem lento; que procurasse conversar, brincar com ele. Tratá-lo como uma criança normal quando ele fizesse algo errado e chamar a atenção e até dar palmadas. (Ele não sentia dor.) O único jeito de fazê-lo ver que o que ele estava fazendo era errado era colocá-lo em um quarto, de castigo, pois ele não gostava de ficar no quarto trancado.

Todo o tempo que eu tinha disponível, procurava dar atenção a ele. Procurava colocá-lo sentado em uma cadeira na minha frente e conversar com ele, mas era difícil fazê-lo ficar ali sentado, tinha que forçá-lo. Eu falava com ele, mas parecia tudo em vão, procurava fazer ele bater na minha mão ou com tampinha, cantando "Escravos de Jó", "Atirei o pau no gato". Pegava na mão dele e ele ficava fazendo movimentos com os dedos.

Procurava montar "Poli", fazer casinhas com os tijolos. Por volta dos 7 anos, procurava jogar cartas, tômbolas e dominó, mas isso tudo tinha que ser forçado.

Escola

Começou com 7 anos e meio, 8 anos e meio no CIAM, em 1975. Na escola, ele entrou em agosto de 1973. Com 7 anos e meio, ficou no pré-primário. Ele ia à escola com um frasco de Leite de Rosas. A professora, quando ele entrava, colocava o frasco em cima do armário e só dava para ele na hora da saída.

Em 1974, ele continuou o pré-primário, depois foi para o jardim de infância. A professora do "Jardim" tentou fazê-lo escrever, mas não conseguiu. Eu também tentei, mas não consegui. Ele voltou ao pré-primário.

A prova do "pré", no visual, ele conseguiu fazer tudo, só que o círculo ou o "x" que ele fazia eram bem fraquinhos, quase não dava para perceber; nos lugares que tinha que escrever alguma coisa, deixou em branco.

Ele ficou muito chateado porque não recebeu o diploma do "pré".

Foi para o CIAM em abril de 1975. Ficou um ano só em exercício motor e conseguiu escrever. Foi sempre muito bem na escola, perdendo sempre em pintura, recortagem, colagem e marcenaria. Na marcenaria, ele ficou uma época e começou a fazer bagunça. Foi dispensado, mas quis voltar, aí ele se esforçava muito, mas tinha dificuldade de fazer o trabalho, principalmente na hora de lixar. Ele falou que odiava lixar, que sentia muito arrepio.

Na escola, por ele ser sempre o melhor da classe, quando a professora saía da classe e os colegas tinham alguma dúvida, procuravam sempre por ele. Ele nunca se impôs como um líder, mas os colegas faziam dele um líder por seu maior conhecimento.

No seu 4º aniversário, fiz-lhe um bolo com enfeite de carrinhos miniaturas de plástico. Todas as crianças, inclusive o irmão com 1 ano de idade, interessaram-se pelo bolo, exceto o Mário, que nem sequer o olhou. Na hora de cortar o bolo, comecei a distribuir os carrinhos e não lhe dei nenhum. Ele viu os carrinhos nas mãos da criançada, veio até mim, pegando minha mão e levando-a até o bolo.

Certa vez, para desacostumá-lo de comprar as revistas, disse-lhe que não tinha dinheiro, mas antes havíamos passado no banco e, quando estávamos no ônibus, ele disse: "Mas a senhora foi ao banco, né?". Nessa época, ele tinha 9 ou 10 anos.

Material da análise no período da "nova exploração"

Nesse período, eu convidava alguma pessoa da família a participar de uma das quatro sessões semanais.

Da sessão de 24 de fevereiro de 1982, destaco: está no banheiro. Quando vou chamá-lo, a mãe pergunta se hoje iria entrar e eu esclareço que a primeira sessão da semana é somente com Mário.

Ele fala da corrida dos autódromos desde 27 de janeiro até 24 de fevereiro.

Olha-me querendo ver se estou atenta, e eu associo com o fato de ter esquecido de colocar a almofada junto das outras coisas que fui buscar na outra sala a pedido dele. Ao verbalizar-lhe isto, ele sorri sentindo-se compreendido. No tempo que resta, cita uma classificação de pilotos de Fórmula 1.

Sessão de 25 de fevereiro de 1982

Quando vou chamá-lo, está no banheiro, e a mãe vai entrando e se acomodando. Pergunto a ela como passou nas férias. A mãe diz que nas férias "fica pior para Mário, que fica inativo", mas ele foi passar uma semana na casa das primas somente com o irmão e ficou bem lá, brincou com elas, participou. Porém, quando foi a vez de as primas virem para casa passar outra semana, então o Mário ficou no seu mundinho, "na clausura", e não brincou. Que nesta última semana, ela o obrigou a dar um passeio diariamente para fazer alguma coisa, "senão vira bicho". E ele ia, mas voltava logo.

"Ontem", ela continua, "ficou conosco assistindo à TV até meia-noite, mas acorda cedo, mesmo que não precise, porque ele gosta de assistir o noticiário na TV às 7h30."

Eu sugiro que Mário possa ter interesse de fazer algo junto com o pai e a mãe se surpreende com essa possibilidade.

Desde a entrada, ele está deitado e com o travesseiro na cabeça, mostrando sua vontade de não ouvir, não participar, mas o clima comigo é positivo. Quando lhe pergunto se já começaram as aulas, ele não responde, como se fosse uma regra estabelecida por ele de não conversar e não participar quando a mãe está na sala. Mesmo assim, parece interessado em manter uma boa relação comigo e então levanta-se e, abrindo a caixa, pega uma folha de papel e joga-a de costas para mim e para a mãe. Mantém, portanto, a atitude de não desejar contato, não querer conversa, e se eu estiver tão interessada, então eu que me arrume para saber o que quero e vá ler o papel, onde está escrito "As aulas começam segunda-feira".

Quase no fim desta sessão, a mãe comenta que ele estava muito interessado em recomeçar. Na véspera, lembrou à mãe que teria terapia no dia seguinte e depois, na sessão, fica falando aquelas coisas das corridas e das classificações! "Nem no primeiro dia deixa de fazer isto!", exclama a mãe.

A mãe conversa a respeito do planejamento que eles estão fazendo, neste ano, para o aprendizado de Mário. Dou ênfase à importância que tem para o desenvolvimento de Mário o aprendizado prático e a profissionalização, já que completará o primário este ano e, no próximo, irá para o ginásio. Mostro à mãe a necessidade de inserir o Mário numa atividade prática que ofereça oportunidade de um contato por um tempo maior com a realidade externa, para movimentá-lo e tirá-lo da inatividade e, assim, tentar contrastar o processo de "enclausuramento".

A mãe mostrou-se interessada e irá procurar fontes para se informar. (O CIAM tem o UCOA, ligado ao Senac, com cursos profissionalizantes.)

Pergunto a Mário como vamos fazer na próxima semana, se ele quer vir sozinho na segunda-feira. Ele diz: "quero".

Analista: – E a frequência da mãe às sessões?

Ele faz 2 com os dedos.

A.: – E quais sessões?

Ele escreve que, para ele, ficam as de segunda e quinta-feira. Então, as sessões de terça e quarta-feira seriam conjuntas com a mãe. Combinamos de experimentar dessa forma.

Sessão de 11 de março de 1982, última da semana

Desta sessão, destaco que Mário, ao entrar na sala, tosse e faz barulhos antes de iniciar sua história. Imagino estar carregado emocionalmente e essas são formas de descarregar.

Mário: – Eles foram recebidos pelo Reagan (os pilotos), foram ver um *show* em Nova York e, na sexta-feira (quis dizer no outro dia, mas cometeu um ato falho), iriam à ONU discutir a situação da América Central. De lá irão à Disneylândia e, na quinta-feira, voltarão para São Paulo.

Passa a falar de resultados de grandes prêmios dos autódromos. Termina e vai ao banheiro, onde demora. Volta falando de quem vai se classificar em 1º e 2º lugar nos campeonatos. Parece que a fala teria o sentido reparativo (obsessivo).

Insisto para que os quinze minutos finais estejam à disposição para conversarmos. Ele se deita e, daí a pouco, vai empurrando minha cadeira contra a parede, com os pés, com força, parecendo me enfiar dentro da parede. Sou um objeto que o frusta porque luto contra suas defesas e porque o abandono no fim de semana.

Sessão de 30 de março de 1982

A mãe participa e Mário permanece deitado com a cabeça coberta, mostrando seu desagrado em dividir a sessão com ela. A mãe comenta como é difícil ele sair da rotina, é ultrametódico.

Conversamos sobre sua compulsão em contar histórias. A mãe diz que ele fica em seu quarto ou no escritório, agarrado a uma fita métrica ou cordão, falando histórias.

Sessão de 31 de março de 1982

A mãe vem entrando, mas percebe-se o desagrado de Mário e concluímos que ela não vai participar. Mário, desde a entrada, vai falando que Marcos Dorini está muito bem colocado para ganhar o prêmio. A analista associa isso à satisfação de ter entrado sem a mãe, e ele está muito bem colocado comigo, e vou lhe dizendo isto e anotando as colocações (representando); ele avança para rasgar minha anotação e joga-a no lixo, talvez por ter sido descoberto. Depois passa a dar aulas e tem como alunos Zé Carneiro, que não é bom aluno, o Visconde de Sabugosa.

Sessão de 26 de maio de 1982

Peço informações à mãe sobre o início do comportamento de contar histórias, mas ela não pode precisar. Quando ele não sabia ler, pedia à mãe para contar histórias todos os dias. Também via revistas junto com ela, vendo o índice e indo procurar o assunto dentro da revista, onde lia os títulos. Depois, ele folheava várias vezes a mesma revista. As histórias têm relação com os acontecimentos do momento dele. Por exemplo, quando ouve discos de história, fala depois dessas histórias; quando assiste aos episódios do "Sítio" ou da "Vila Sésamo" na TV, fala disso. Ou dos alunos do CIAM.

Nota: parece-me que ele aprendeu a reproduzir os momentos que vive, sem, contudo, poder traduzir-lhes o sentido emocional. Deste ponto de vista, ele é mudo e a fala dele é uma atuação: uma evacuação para que eu dê sentido, pois ele não tem instrumento mental para isso. A participação da mãe nas sessões acrescentou dados, criou um campo de escuta para ela, ajudou-a a esclarecer algumas questões, mas não contribuiu para movimentar a relação Mário-mãe. A mãe informou que o pai tem repentes explosivos e bate. Depois se arrepende. Todos ficam com medo (terreno minado). Mário nunca pediu para ficar com ele para adormecer. A mãe acostumou-se a deixá-lo no berço e sair. Ele demorava para dormir, geralmente deixava tudo para fora do berço e só ficava o colchão. Mas não chorava nem chamava a mãe. Até três anos e meio, se estivesse deitado, mesmo acordado, não ia fazer cocô e xixi no banheiro, mas na cama. Também não se levantava, quando acordado, se a mãe não tivesse se levantado. Enquanto o irmão ia para a cama dos pais ou chamava a mãe do quarto para ir acudi-lo, Mário nunca chamou a mãe nem pediu companhia.

No dia em que foi mordido pelo cachorro (há três anos), ele ficou acordado a noite toda de olhos abertos; a mãe ia vê-lo, mas ele não se queixava nem pedia companhia (a mãe se emociona ao contar esse fato). Ele também não se queixava de dores ou de estar com febre ou gripe, isto está acontecendo de uns dois, três anos para cá.

Ele não costuma pedir nada, brinquedos, roupas etc. Só revistinha Placar toda terça-feira. Pede doce também. Mas roupa, nunca, só agora pediu um casaco para frio e uma bota. Também quer muito um cachorro, pois o outro morreu; a mãe não gostaria de outro cachorro, dá trabalho, a grama pega cheiro, Mário não o segura nem pela coleira! Ele então dirigiu-se à mãe prometendo que agora iria cuidar e pediu um cãozinho para o Natal.

Controle esfinctérico: ela começou a ensiná-lo aos nove meses. Quando tirava a fralda, punha-o no peniquinho. Com um ano, tirava a fralda de dia quando estivesse calor. Até mais ou menos 3 anos, pedia irregularmente; depois, começou a puxar a mãe pela mão para levá-lo ao banheiro (três anos mais ou menos, e não falava).

A mãe se lembrou de contar que, nestes últimos dias, ele "pegou a mania" de tampar os olhos dela com as mãos e, somente quando a mãe fala o nome dele, ele retira as mãos ("Adivinha quem é?").

Sentimentos de intolerância: como continuar a relação analítica

Os meus sentimentos de intolerância a ter que ocupar, na transferência, o lugar da criança arruinada, como disse Meltzer, e sem salvação, sentindo que nada poderia ser feito para mudar a situação de Mário, pois a oposição à mudança era tremendamente forte, cresceram muito.

No início de 1982, numa sessão, eu lhe disse que estava confrontada com alguém que não quer contato, que quer permanecer como está e, então, ninguém tem o direito de fazer nada contra isso. Sugeri que ele revisse "o que ele realmente espera ao vir para uma análise" e pedi sua colaboração, pois, de outro modo, não seria possível trabalharmos juntos. Ele responde que gostaria de pensar nisso no próximo ano.

Eu passo a trabalhar, então, com esse "sinal" de interesse e disposição em todas as sessões. Trabalho no sentido de obter espaço para mim na relação com ele e de poder ter o direito de me manifestar. Agindo desse modo, eu fui desempenhando, talvez, o aspecto do bebê-Mário, que ele deposita em mim a cada sessão e que ele controla e sufoca ao se comportar como pais tiranos. Passei a dramatizar que ele está me expulsando, pelo contínuo falar histórias, sem me ouvir: dirijo-me, então, para a porta de saída. Ele me detém e me reconduz à minha cadeira. Assim que me "recaptura" e me deixa na cadeira, continua suas histórias. Então, eu torno a levantar-me, e assim continuamos esses movimentos até que surja a possibilidade de falar e ouvir. Aos poucos, a reação de fúria quando eu o interrompo vai se tornando menos intensa.

Registro outro movimento de minha intolerância, ocorrido em julho de 1982, quando me pergunto se essa relação é analítica ou se estou fazendo o papel de *baby-sitter*. Obstinadamente, tentando remediar o irremediável? Há quatro anos e meio buscando desenvolver uma relação alimentar com ele e ele se negando? Foi então que eu lhe disse ser impossível para mim continuar sua análise, dado que ele recusava estabelecer contato comigo e que ele não queria saber do Mário-bebê. Ele disse que não queria parar... Perguntou se eu queria me livrar dele e concluiu dizendo que o que eu lhe dizia "era perfeito para um teatro". Mostrei-lhe que minha posição era tão evidentemente real, mas que, para ele, eu era real quando vivia seu aspecto bebê escutando-o e segurando-o para não me chutar.

Na semana seguinte, ele evitou ser o repórter. Iniciava a sessão cumprimentando-me e deitando-se, cobrindo a cabeça com a almofada que, habitualmente, segurava enquanto era repórter. Ele parecia bastante preocupado e os seus olhos estavam rasos de água. Disse-lhe que essa era a sua resposta: não ser o repórter-locutor para não ser mandado embora ou, dito de outro modo, que ele estava tentando, à sua maneira, ajudar a análise, mantendo-me a seu lado.

O material a seguir mostra algo desses movimentos.

Material enviado ao Dr. Meltzer em julho de 1982 para supervisão

Ele é o repórter e fala sobre autódromos deste modo: "Agora nós vamos ver os resultados finais da competição de Fórmula 1 do autódromo de Monza. Agora nós vamos ver os resultados finais da competição de Fórmula 1 do autódromo de Estocolmo...", e assim por diante, mencionando autódromos de outras cidades.

Mário: – Em primeiro lugar, o piloto Marcos Dorini; em segundo lugar, o piloto Disney Fidalgo; em terceiro lugar, o piloto Alessandro Boni... – e assim por diante. Os nomes dos pilotos são os mesmos que ele mencionou quando falou sobre os estudantes do CIAM, escola em que estudou.

– Agora nós vamos ver o calendário das próximas corridas. O Grande Prêmio de Fórmula 1 será no circuito de Monza, em julho e agosto, e estará muito frio lá. A próxima corrida será na Argentina, em setembro e, devido à neve, a corrida pode ser suspensa. (E assim ele continua dando o calendário das próximas corridas.)

Analista: – Você está arrumando as coisas para controlar tudo. Desse jeito, você está evitando contato comigo e consigo, não podendo perceber o que está acontecendo agora.

Ele continua com sua reportagem.

Nota: fiquei pensando a respeito do sentido de sua história. É possível entendê-la como uma expressão do sentimento de separação e as fantasias acompanhantes. Eu, como analista, vou sentir o que ele não pode sentir. Ele parece ter aprendido a relatar o que acontece consigo de um jeito muito excêntrico; ele não é capaz de dar nenhum sentido emocional. Desse ponto de vista, eu imagino Mário como sendo mudo, sua fala é uma atuação. Eu suponho que ele não tem um equipo mental para dar sentido às suas experiências emocionais. Penso haver uma enorme cisão em sua mente: há um objeto obstrutivo (o repórter que parece ter internalizado a transformação da imagem materna) e há uma grande distância separando os sentimentos e as percepções do bebê, e é impossível para ele conectá-los, e eu não estou segura a respeito disso.

O repórter que é uma internalização da imagem materna é o objeto falante. Os sentimentos do bebê (Mário-bebê) é o self mudo.

Essa cisão é vivida com a analista.

1) "Eu não quero contato com você" (o repórter);

2) "Eu quero continuar com a análise (o bebê)."

Comentários de D. Meltzer (julho de 1982):

> *Há um lugar na técnica para indicar ao paciente que o progresso não está acontecendo e que o progresso é uma condição para ser capaz de continuar o trabalho de uma maneira responsável porque o seu alvo é terapia, e não ser babá (ver meu artigo sobre 'An Interruption Technique' para enfrentar um empasse analítico, que eu acho que foi publicado na Revista Argentina, em 1975 ou 1980). Contudo, eu não acredito que um terapeuta se encontre em posição de utilizar tal tipo de técnica, porque seus métodos e habilidades são pouco desenvolvidos e ele deve contar com supervisores e a experiência deles. De todas as maneiras, alguém pode alcançar o final de sua paciência e indicar que sua paciência e tolerância estão terminando. Na realidade, você já indicou ao paciente que sua paciência está terminando e, dessa maneira, você desafiou a parte de Mário ligada a você e abandonar sua posição passiva, não partidária, quer dizer, e sair claramente em seu favor contra*

o "crítico-repórter". Mas, por outro lado, "o material seca" e você não tem mais a maneira de ligar (amarrar) Mário à sua maneira de pensar, em vez de ter um apego emocional erótico-infantil (como está mostrado por sua postura de choro sobre o sofá). Você necessita do material do repórter para enfrentar, combater sua (dele) influência sobre a mente de Mário.

Aqui temos um material muito bom para ver, de qualquer modo, sua imaginação levando-a para seu interesse, tendo sempre em mente o tema subjacente de que ele não pode suportar ser simplesmente um de fora, apenas um espectador do mundo, da sexualidade adulta e, em vez disso, ele se apresenta como um comentador da sexualidade adolescente competitiva.

Você poderia abordar a geografia em termos dos orifícios do corpo feminino.

Você poderia abordar o tema de sua (dele) suposição de que a fêmea é unicamente uma presa a ser conquistada e sempre ela se rende como uma possessão do conquistador etc. Por exemplo: sua (dele) concepção dos mistérios da feminilidade.

Você poderia abordar o problema do frio, da depressão, da frigidez feminina, da impotência masculina ou da ausência de sentimentos carinhosos nos seus conceitos de sexualidade. Porém, nunca perder de vista o objeto primário da masturbação, a estupidez básica do crítico-sabe-tudo, parte dele mesmo.

Sessão de 1 de julho de 1982

Menciono essa cisão em que ele é o repórter e eu sou o bebê. Eu lhe digo que é impossível para mim continuar com sua análise porque ele recusa contato e está com medo de ter que lidar com o Mário-bebê. Ele diz que não quer parar e pergunta-me se eu quero ficar livre dele e conclui dizendo que tudo isso que estou dizendo é perfeito para uma peça de teatro.

Eu mostro-lhe que, toda vez que esclareço minha posição real, ele não toma isso a sério, mas que eu sou real quando atuo como a sua parte bebê.

Sessão de 7 de julho de 1982

Atitude: deitou-se, está triste, olhos com lágrimas. Levanta-se em seguida e apanha um folheto que eu deixei na caixa. Olha-o e, sem mudar sua expressão, torna a deitar-se. Parece muito magoado! Digo-lhe que o vejo tentando se adequar para que eu não tome a resolução de interromper a análise, o que ele vê como um castigo, uma rejeição, mas que, se chegarmos à conclusão de que análise não está mais indicada para ele, isto não significa que está sendo castigado. Contudo, vejo que ele se sente vinculado a mim e não quer se separar.

Ele me diz: – Eu quero que você fique comigo. Eu não quero a interferência, quero ficar sozinho, não quero que você fale comigo, não quero que você me interrompa.

Na semana seguinte, ele evita atuar como repórter. Ele apenas me cumprimenta e se deita, cobrindo a cabeça com a almofada que ele usualmente segura quando é repórter. Quando ele me olha sério e aborrecido, seus olhos se enchem de lágrimas. Eu digo que essa é a sua resposta, que ele tem medo de ser repórter e eu rejeitá-lo e, por outro lado, ele ainda quer ser ajudado pela análise.

Eu penso que ele reconheceu que eu não posso mais aguentar essa situação e tenta encontrar um meio de continuar comigo.

Nessa etapa, enviei novo material para o Dr. Meltzer, como segue.

Síntese (janeiro a julho de 1982) com material clínico enviado ao Dr. Meltzer para supervisão

São Paulo, agosto de 1982.

Caro Dr. Meltzer:

Estou lhe enviando uma síntese do processo analítico de Mário (16 anos), passados quatro anos de análise, quatro vezes por semana.

Gostaria de focalizar um aspecto essencial da prática analítica com ele, como ele se comporta na sessão.

Como retrospecto, lembro que ele, aos 2 anos de idade, parece ter tido um episódio autístico que não foi tratado e começou a falar aos 5 anos. Ele tem um irmão três anos mais jovem que, de acordo com o que os pais informaram, ajudou a trazê-lo para a vida. Ele constantemente, na sessão, dramatiza o papel de um repórter, comentador e ator, falando sobre esportes, notícias, histórias da TV etc.

Ele "entra totalmente" nessas dramatizações e não tolera interrupções, terminando praticamente quando a hora da sessão está no fim.

Eu suponho que essa "fala incessante" corresponde ao que Tustin denominou objeto autístico, que serve para prevenir a percepção da identidade separada, presentificando o objeto por meio de qualidades sensoriais. É uma fala que serve não para comunicar, mas para evitar contato, retirando-se em suas histórias. Entretanto, a fala somada a seu comportamento resulta em material que dá algum acesso a ele, conforme comentários seus anteriores.

No entanto, o "problema técnico", se assim posso chamar, é que ele se recusa a entrar em contato e ouvir-me. Eu entendo o medo dele ao contato e a reversão que ele faz na relação comigo, ele é o seio que me alimenta.

Eu sou uma boca-orelha. Se eu falo com ele mostrando que eu estou pensando a respeito dele e posso alcançá-lo, isso provoca fúria. Será a ameaça de que se quebre a ilusão de continuidade e de controle?

Nestes quatro anos de análise, eu tenho posto em prática várias estratégias para contatar com ele. No início, eu analisei a relação que ele mantinha comigo, a função que me atribuía, o lugar que me dava. Ele pareceu não me escutar.

Eu lhe disse também que ele não podia me ouvir pelo enorme medo de entrar em contato comigo e perceber onde ele estava.

Depois da supervisão com o senhor, Dr. Meltzer, comecei a interpretar o conteúdo de suas falas. Num terceiro estágio, eu me dei conta do quanto ele estava viciado em usar suas histórias (objetos autísticos); decidi combatê-los, o que me pareceu assumir uma posição contrária à analítica, que não "luta contra", mas analisa, porque lutar contra é uma dimensão do "desejo de curar".

Num quarto estágio, minha crença do que é trabalhar analiticamente prevaleceu; e, ao me confrontar com alguém que não quer contato, que quer permanecer como está, ninguém tem o direito de fazer nada com isso. Eu expus esses pensamentos a ele, para que ele revisse sua iniciativa em vir para a análise, e pedi-lhe que colaborasse, pois, de outro modo, seria impossível para nós trabalharmos juntos. Ele respondeu que gostaria de pensar nisso no próximo ano.

Eu trabalhei com esse sinal de interesse e resposta nas sessões seguintes. Trabalhei no sentido de obter para mim "espaço necessário e direito de existência", para me manifestar num espaço que ele sentia como sendo dele único dono e tirano. Agindo desse modo, eu "entrei no rol", do bebê que ele deposita em mim a cada sessão, que é controlado e sufocado por uma mãe tirana que tira o direito de existir, de se manifestar, que tira a criatividade do bebê.

Em janeiro de 1982, eu experimentei uma nova abordagem convidando a mãe a permanecer numa sessão da semana analítica, a fim de observar a relação dos dois. Ele permaneceu quieto, escutando, sempre recusando a se manifestar, deixando que a mãe e eu conduzíssemos a sessão. Alguns meses mais tarde, encerrei essa exploração, que não me pareceu ter sido tão útil.

Presentemente, eu continuo mantendo uma atitude analítica "mais ativa", no sentido de que eu tenho direito a falar também, ou, se eu não sou ouvida ou a minha presença é tão negada, eu me levanto e ameaço deixar a sala, ao que ele me busca e me conduz até a minha cadeira. Então continua com suas histórias e, em pouco tempo, eu volto a levantar-me, dirigindo-me para a porta, até que algo novo emerja. A sua fúria ao ser interrompido diminuiu bastante, inclusive suas manifestações agressivas físicas a mim.

Comentários de D. Meltzer:

> *É uma boa regra pensar que, se um paciente vem à sessão, algum contato existe. Ninguém, nem mesmo uma*

criança pequena, pode ser obrigado, completamente contra a sua vontade, a fazer contato, a ficar presente na sala, ou se comunicar. O problema, do ponto de vista estrutural, é sempre primeiro tentar descobrir a organização da personalidade que está sendo representada. Entre a idade de 10-15 anos, quando a criança sente estar numa terra de ninguém, não sendo nem criança (irresponsável) nem adulto (tendo algumas prerrogativas: liberdade e privacidade), a posição deles (adolescentes) frente ao mundo é frequentemente dominada por uma parte destrutiva, uma crítica pseudossuperegoica que vê, observa e critica o mundo adulto e tem muito medo de juntar-se à comunidade adolescente que vê como empurrando os adultos dentro do lixo e tomando posse do mundo de riqueza, beleza e sexualidade. Este crítico, que sabe tudo, especialmente no caso de crianças inteligentes e com capacidade verbal, apresenta-se ao terapeuta com desafio, exibindo seu domínio sobre o mundo interno e atitudes desta criança.

Minha técnica é de desafiar este "crítico", com um bom humor inquebrantável, com um teste de validade de suas evidências, de seus modos de pensar, de sua maneira de se expressar, seu conhecimento lógico e capacidade de imaginação.

Esta vítima é, de certo modo, a mais importante porque sua onisciência é, em realidade, a manifestação da pobreza de sua imaginação. Quer dizer, sua inabilidade em ver mais que uma "construção" possível a ser pensada numa situação qualquer.

Eu acho que você sempre subestimou o apego dele a você e o valor que ele dava a seu interesse, perseverança,

> *tolerância às projeções da dor mental dele, e provavelmente também subestimou seu interesse erótico. Entretanto, estando num estágio inicial em seu desenvolvimento como analista, é importante que você se sinta livre de tentar abordagens diferentes do material (quer dizer, ao fenômeno) que o paciente apresenta a você, mas visando a mais interesse de exploração, e não de controle.*
>
> *Qualquer comportamento de um paciente que:*
>
> - *não é perigoso fisicamente ao paciente ou analista;*
> - *fica dentro do limite geográfico que facilita o trabalho do analista;*
> - *não interfere nos direitos de qualquer outro paciente;*
> - *é aceitável basicamente para a investigação (escrutínio) analítica.*

E essa é a resposta. A vontade de continuar a análise põe em evidência que, aos poucos e silenciosamente, está sendo construída uma relação entre o Mário-bebê e a Analista-mamãe, na qual ele mostra seu apego e o valor que dá a minha perseverança, interesse e tolerância pela projeção de sua dor mental. Por um momento, o paciente conteve a analista. E seu insistente desejo de que eu sinta, na contratransferência, como é estar com uma mãe que não entra em contato e não acolhe, uma mãe-rádio-TV, é talvez porque ele acredita que eu não sei como é terrível estar em tal situação.

O trabalho de Bion na elaboração da compreensão do processo de identificação projetiva, descoberto por Melanie Klein, não só enfatizou a importância da capacidade do analista de conter as projeções do paciente (ou da mãe com a criança), como também resultou na atenção progressiva dada às comunicações pré-verbais muito primitivas.

Minhas atuações mostraram que, agora, os recursos estavam no fim, já que não conseguia estabelecer contato com ele por meio de minhas interpretações. A desesperança que fui sentindo crescer em não ser ouvida é a comunicação primitiva de Mário identificado com a mãe-locutora, objeto construído em sua mente que o defende da dor que as interpretações provocam.

De nada adianta acusá-lo de fazer-me sentir excluída ou mostrar que ele se sente excluído. É preciso achar uma maneira de comunicar-lhe que eu compreendo alguma coisa sobre o que é ter um objeto interno que não responde aos sentimentos. E ter a capacidade de suportar a experiência dele, e também seu ressentimento contra essa experiência.

Tentativas de "tradução"

Situada quanto à transferência-contratransferência, proponho-me novo trabalho: como utilizar o material do repórter-locutor? Como traduzir o "marionês" para o português, ou seja, como partir de seu código sem introduzir outro, o da verbalização de suas emoções e estados de mente?

Agora, após a minha investida (minha ameaça de interromper a análise), ele está quieto e calado, deitado no divã com a cabeça coberta... olhando-me vez por outra e recolhendo-se em seguida. Falo: "... agora está sendo o bebê como acha que eu o quero... um bebê em autismo..."

Em junho de 1982, ele comenta as temperaturas: – Agora vamos falar das temperaturas em fevereiro: calor! Aqui, agora, 30 °C. Aqui em Brasília, o calor está dominando forte, e as temperaturas mais frescas ocorrem entre 11 e 7 da manhã. A mínima de 30 °C e a máxima de 34 °C. Aqui, agora, 20 °C.

Analista: – Atenção! Continuando nossas aulas de marionês: onde ele fala "temperatura", entenda-se "emoção" etc. (Mário ri dessa minha intervenção.)

Em outubro de 1982, o pai vem a quatro entrevistas semanais consecutivas, após uma primeira à qual faltou por um sério impedimento de trabalho. Mário assumiu o lugar do pai, escrevendo o campeonato de futebol infantil. Nessas entrevistas, ele é solicitado pelo pai a sentar-se (em vez de permanecer deitado como fez quando com a mãe); ele respondeu à solicitação do pai quanto a algumas questões, mas não usando as palavras, somente gestos ou escrevendo e mandando a folha, jogando-a de costas para nós (eu e o pai), numa atitude de: "Vocês estão querendo... então se virem para conseguir". O pai comunica um dado novo, que Mário "está acostumado a que a mãe faça tudo do jeitinho dele... e que só aceita a mãe para atendê-lo... não solicitando nada ao pai, mesmo quando presente e mais próximo do que a mãe". O tempo livre que lhe resta, em casa, é destinado a "fazer suas coisinhas" no escritório, onde fica escrevendo ou falando alto.

Agora eu venho incluindo, na "convivência" com ele, o fazer, deixando a verbalização para um segundo tempo da sessão. Ou seja, ofereço-me para entrar totalmente dentro de seu mundo de números e listas com uma genuína participação e interesse pelo que ele está desenvolvendo em cada sessão. Estabelecemos um contato, então, através de seu mundo manifesto e totalmente excêntrico. Sou colaboradora atenta de "suas invenções". Quando ele não aceita a minha participação e me distancia, eu me ponho como alguém que está também ocupado, fazendo algo, por exemplo, jogando "Stop" (jogo em que se tem que lembrar nomes de cidades, frutas, animais, cores, objetos, rios, times de futebol que comecem com a letra sorteada e pedindo sua colaboração para achar os nomes). Ele se aproxima e se interessa. Essa e outras são tentativas de aumentar os pontos de contato real.

Às entrevistas de Mário com o pai, sucederam-se aquelas com o irmão. Mário aceitou-as, penso, como maneira de aceitar o meu trabalho e minhas explorações em torno dele.

É após esse período que surge o listão dos candidatos a governador, a deputados estadual e federal, a vereador e a senador... assunto presente no Brasil com as eleições de 15 de novembro de 1982, mas assunto presente na relação comigo. Afinal, quem vai ganhar-me, entre todos de sua família? Precisa ficar claro que uma intervenção como essa, que pode até estar correta em seu dinamismo transferencial, não traz mudança nessa "necessidade" de continuar fazendo esse listão até o final. Ele, mergulhado agora inteiramente na leitura desse listão, só me informa, às vezes, em que ponto está: "Estou no 1723... quase terminando os deputados estaduais..." ou "Agora vou começar a chapa 4" ou "Acho que vou conseguir terminar a lista na última sessão" (referindo-se às férias que terão início em 15 de dezembro de 1982).

Digo-lhe que esse é o seu modo de organizar a desorganização que eu provoquei com todas as minhas manobras, buscando como entrar em contato com ele, procurando contornar suas manobras de se alhear do contato, mas que ele está continuamente pondo-me a par do que está fazendo e em que ponto ele está, para que eu o espere.

5. Mário chega à adolescência

Estamos em fevereiro de 1983. Após 45 dias de férias, nas primeiras sessões, ele continua um listão, enquanto eu vou pensando que essa manobra é a única maneira de ele estar comigo. Se ameaço levantar-me e ir embora (lutando contra seus hábitos mentais), ele vai me buscar na porta e me reconduz à cadeira, dizendo para ficar.

Penso que o uso das manobras autísticas diminui e ele se dispõe a ouvir-me mais vezes... Parece termos alcançado um *modus vivendi* em que ele se sente apegado a mim, não me dispensa e pode ouvir-me com mais frequência.

Síntese (fevereiro a abril de 1983) com material clínico enviado ao Dr. Meltzer

Na retomada da análise após as férias de verão de 45 dias, ele começa uma lista de governadores, senadores, deputados, vereadores que obedece a uma chave, que levou mais ou menos dois meses para ser completada e ocupou 58 folhas de papel sulfite.

GOVERNADOR 1	SENADOR 10 a 19	DEPUTADO FEDERAL 100 a 199	DEPUTADO ESTADUAL 1.000 a 1.499	VEREADOR 1.500 a 1.999
2 3 4 5 6 7				

A estrutura mostrada se repete até o sétimo governador.

O sentido que dei a esta "Grande Invenção" é o de uma manobra infalível para manter a continuidade da "neutralidade" quando esta se vê enormemente ameaçada por mim, que "faço manobras antineutralidade" (emocional).

Comentários de D. Meltzer:

> *A descrição da situação analítica parece enfatizar, primeiro, a concreta modalidade atuada-na-transferência, e, segundo, o estado da relação de objeto (interna, primária), que Winnicott chamou estar sozinho na presença da mãe; ele considerou isso um modo muito bom, enquanto eu estou inclinado a vê-lo como um modo obsessivo, controlador, sádico e caluniador Trata a mãe-analista como uma privada fria e inanimada, que está somente preocupada com o mundo dos homens. Nesse caso, é também essencialmente uma estrutura hierárquica de autoridade, tirania, e pode conter um tipo de obediência desmentalizada ao grupo do suposto básico.*
>
> *Eu não gostaria de usar o termo autístico neste momento, embora esse grau de obsessividade seja, como nós descrevemos, característico da organização pós-autista*

> *com sua bidimensionalidade, que eu agora reconheço como fortemente relacionada com envolvimento na mentalidade de grupo do suposto básico.*
>
> *O envolvimento de outros membros da família é um interessante experimento, combinando análise e terapia familiar, mas isso também complica a transferência, o que torna extremamente difícil seguir todos os detalhes.*

Sessão de 10 de fevereiro de 1983

Ele começa a escrever um calendário de 1983 assim que entra na sessão.

Analista: – Moleque esquisito! Agora o calendário de 1983. Assim não dá! (Mário continua como se nada tivesse acontecido.)

A.: – Assim não dá! Só indo embora... (E me levanto.)

Mário: – Vai uma ova! (E levanta-se, pega-me pelo braço e reconduz-me à cadeira. E continua o calendário de 1983.)

A.: – Vamos fazer o seguinte: agora eu sou Mário, e você o Analista, eu sento no seu lugar e você no meu.

Mário aceita a brincadeira e vai para a minha cadeira... quase deita-se nela, põe os pés na mesa, retira-os quando eu reclamo disto... fecha os olhos fingindo que dorme e ronca bem alto. Em seguida, procura-me pelo outro lado da mesa, dando apalpadelas, esticando os braços e as mãos. Levanta-se de olhos fechados e continua com os braços esticados, vai andando às apalpadelas, tocando a mesa, o divã, as paredes, as portas, a pia... até chegar ao lugar onde estou (do outro lado da mesa, em frente a ele). Volta do mesmo modo que foi e deita-se no divã.

(Notei que ele ficou ansioso com essa troca de papéis, e eu, no lugar dele, estou escrevendo números e meses do ano como ele faz.)

Ele levanta-se do divã e pega uma das revistas velhas de um armário, e vai folheando-a e detendo-se nas figuras de mulheres nuas ou seminuas, olhando-as longamente.

Comentários de D. Meltzer:

> *A técnica de reversão dos papéis no brincar é alguma coisa que as crianças iniciam por si mesmas, de fato há provavelmente um importante elemento de reversão no inteiro espectro obsessivo, revertendo a relação pais independentes, bebê não cuidado (*helpless*). Quando você faz a reversão de novo, parece ser transformada numa situação de dualidades: claro-escuro, visão-cegueira, erótico-impassível, havendo referência para a descontinuidade da experiência do bebê e da experiência dos pais de noite e dia. O que isso talvez contenha é que a mãe, sendo ignorada, controlada e denegrida pelo bebê, pode pensar somente quando o bebê cair no sono; assim, ela pode ir para o papai e fazer um bebê novo e melhor (que o paciente).*

Sessão de 17 de fevereiro de 1983 – Quinta-feira após feriados de carnaval

Mário: – Amanhã é 9:45, né? (Em alusão a uma reposição que será na sexta-feira.)

Analista: – Sim.

M.: – Ah! Então, bom-dia – diz ele com um aperto de mão. – Liga o ventilador, que está calor.

A.: – Calor = emoção do reencontro após tantos dias.

Ele sorri e continua a fazer a lista do Campeonato Mundial

A.: – Noto que a Itália perdeu e até foi eliminada neste campeonato que você está fazendo. Itália-Analista, enquanto Brasil-Mário está ganhando. Você faz a competição disfarçada, onde não se vê como você arranja as coisas.

M.: – Eh! Eh! Eh! (risada)

A.: – Tô vendo como você quer ganhar de mim. Ser o melhor, saber tudo e me eliminar. Mas outras vezes você me acha melhor, quer aprender de mim.

Ele sente-se descoberto e tenta explicar-me que a Itália faz parte etc., mas acaba mudando de atividade e continua a escrever uma lista iniciada anteriormente: January e Gennaio etc.

Agora só usa a caneta vermelha. As outras dentro do estojo caem. Ele não as recolhe. Atento e concentrado na lista, não quer ser interrompido. Dramatizo o que ele fez outro dia, quando esteve no meu lugar (dormindo, roncando levantando-se de olhos fechados tentando me alcançar com as mãos, dar uma volta pela sala e voltar a sentar na cadeira.)

Mas ele não se toca com isto, quer continuar a lista.

Comento que o seu relógio está um pouco adiantado.

M.: – Hum! (com aceno de cabeça).

A.: – Mas você estava um pouco atrasado. Quem se atrasa, você ou sua mãe?

M.: – Os dois.

A.: – Vocês ficam de acordo para chegar atrasado?

M.: – É ela que fica...

A.: – Quem fica pronto primeiro?

M.: – Eu. E fico esperando.

A.: – E quanto tempo leva até aqui?

M.: – No mínimo, vinte minutos.

E assim vai acontecendo uma conversa baseada na distância até sua casa, nos horários dele aqui e nos horários de ginástica...

Quando está para terminar, ele está ao mesmo tempo falando comigo e fazendo uma conta: de 32:1; 32:2; 32:3, etc., e aí lhe pergunto por que 32; ele diz que é o número-base que escolheu para estas operações.

A hora termina e ele pede-me para esperar um pouco. E, ao guardar tudo, esquece o estojo de canetas no chão. Aponto para o esquecimento e que talvez isso signifique que ele não queira mais o estojo. Ele levanta o estojo, mas algumas canetas vão caindo enquanto ele guarda as outras.

Nota: parece-me que aquilo era para ficar lá no chão e esquecido, pois a dificuldade em levantar e guardar pôs à mostra algo que está rompido, que não segura, que deixa escorregar... O estojo caiu quando eu estava lhe falando das emoções ligadas ao campeonato, da competição e de minha eliminação. Em resposta, ele escolheu somente uma cor, vermelha, para passar a fazer o que ele tinha aprendido comigo, que era escrever os meses do ano em inglês e italiano (Janeiro, Gennaio, January etc.), deixando todas as outras cores caírem.

Comentários de D. Meltzer:

> *A preocupação de ganhar não é aqui uma manifestação da competitividade edípica, mas do esforço por status na estrutura hierárquica, isto é, uma questão de*

sobrevivência. Claramente é um selvagem, num lugar tipo campo de concentração, aonde o fraco vai para parede (é fuzilado) e o forte e insensível sobrevive. Mas quem são os monstros, os guardas, os arquitetos dessa situação claustrofóbica? Seu riso sádico em resposta ao reconhecimento do analista de sua estrutura e seus desvios indica claramente que ele é o arquiteto desse jogo de vida e morte.

Sessão de 24 de fevereiro de 1983

Ele entra e, abrindo a caixa como tem feito já há vários meses, pega papel e caneta (agora sempre vermelha) e escreve: Campeonato Brasileiro de Seleções Estaduais: Primeira fase-Formação dos Grupos.

Eu digo-lhe que ele está agrupando, talvez pela necessidade de deixar arranjado para o fim de semana-Mário e Analista-cada qual no seu grupo familiar.

Ele diz: – Olha como ficou São Paulo!

A.: – Como?

M.: – No grupo Oeste, junto com Mato Grosso e Mato Grosso do Sul. (Ele continua a escrever.) Pronto, agora que já formei todos os grupos, começam os jogos...

Nota: ele se dirige a mim espontaneamente hoje, pondo-me a par do que está fazendo. Os jogos estão no tempo futuro mas ele já sabe os resultados, pois ele controla isto tudo, portanto, isto faz pensar que está se referindo aos arranjos com seus objetos internos...

E continua a me explicar: – Na segunda fase tem dois times em cada grupo. Olha onde o São Paulo está agora (e mostra na folha)...

vai jogar com o Rio Grande do Sul dois jogos: o primeiro no Morumbi e o segundo em Porto Alegre.

Comentários de D. Meltzer:

> *Agora claramente parece que ele se move dentro da posição de um Deus cruel que permite às pequenas criaturas humanas pensar que estas terão liberdade e podem conseguir seus desejos mais íntimos pelo trabalho, inteligência, cooperação, conhecimento etc. Porém, de fato, esse Deus selvagem planejou tudo antecipadamente: "quebrar" alguns, desapontando-os nos últimos momentos antes do sucesso, destruir outros pela mania devida ao triunfo. Essa é a imagem que o bebê tem da relação entre pais e filhos, em que os pais tornam os filhos maníacos pela atenção e interesse dedicados durante o dia e os isolam com negligência durante a noite, enquanto estão fazendo um novo bebê.*

Sessão de 7 de março de 1983

Está triste, deprimido. Olha-me e os olhos se enchem de lágrimas (vermelha). Comento sobre sua tristeza. Ele começa uma sequência de números em ordem decrescente, onde, a cada nova linha, reinicia a mesma numeração menos 1.

(81-82-83-84-85-86-87-88-89-90-

80-81-82-83-84-85-86-87-88-89-

79-78- ...)

Constato que, na segunda-feira passada, ele fez esta mesma sequência e lhe digo que me parece ser o caminho que ele faz mentalmente para trazê-lo de volta até mim.

Associo isso a um desenho que fez em novembro de 1982, que reproduzo aqui. O desenho inicia-se do centro para a periferia e volta da periferia para o centro.

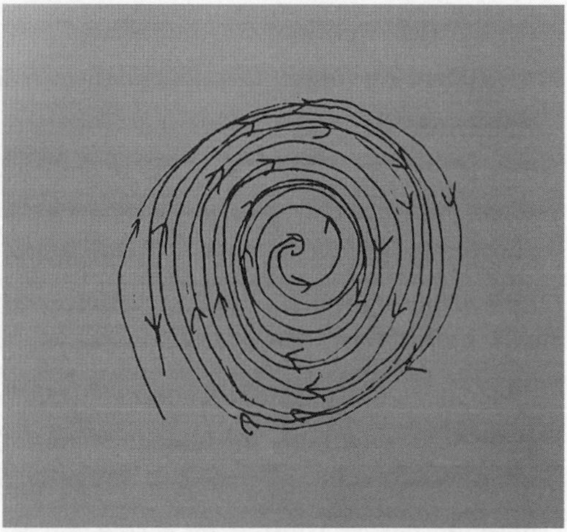

Enquanto continua a escrever, ele faz caretas com a boca, movimenta-a mais, mostrando estar presente uma emoção, misto de ressentimento e ódio e choro-tristeza por mim, enquanto está executando esse percurso numérico, parecendo mesmo que essa execução lhe permite ir desgastando estas emoções, possivelmente advindas da separação do fim de semana, e "reatar o contato comigo". O clima da sessão é depressivo. Ele começa a se movimentar quando está terminando a escala decrescente (e também está terminando o horário da sessão).

Março-abril de 1983

Parece-me termos chegado ao auge do combate à sua manobra autística-obsessiva, colocando-lhe insistentemente, e de uma maneira não somente verbal, mas dramatizada, que sua atitude me faz ir embora. Agora, ele mostra o apego a mim, reconduzindo-me a meu lugar.

Comentários de D. Meltzer:

> *A história continua: durante o dia, com todo o interesse, atenção, alimento que a criança recebe da mãe, o bebê sente que está crescendo, ficando maior e mais importante a cada momento. No entanto, quando ele se levanta na manhã seguinte, ele acha que cresceu pouco, está menor, não maior. O que pode ser? O número de dias destinados a ele como bebê? Por meio dos "escritos sobre a parede", anunciando que um novo bebê está vindo logo para substituí-lo, e ele irá sentir que tem desperdiçado muito do tempo dele na ilusão de ter absoluta posse e controle de você e que ele não percebeu quão preciosa você era para ele (o peito). Agora ele pode ver sua beleza e bondade, mas é muito tarde! Ele costumava crer que o tempo era circular, mas ele vê que é linear e unidirecional.*

Sessão de 6 de abril de 1983

Continua sua lista de regiões do Brasil. Levanto-se e dirijo-me à porta de saída. Ele, atento, pergunta se vou embora. Eu estou escrevendo na fórmica (as paredes desta sala estão recobertas de fórmica) da sala e: – Era uma vez um menino que tinha tanto medo de que a comida estivesse envenenada que comia seu próprio cocô.

Ele lê e volta para a mesa para continuar a escrever.

Analista: – Como ele está com essa ideia, eu vou embora, porque aqui não tem o que fazer.

Ele me reconduz à cadeira e fala: – Você fica... (Planta-se na frente da porta.) Só se você passar por cima do meu cadáver.

Eu faço que tenho uma arma de faz de conta para matá-lo. Ele acaba entrando na brincadeira, mas, em seguida, volta para a mesa para continuar a lista e eu torno a abrir a porta, e assim por algum tempo.

Mário: – Você pode fazer o que quiser, menos ir embora.

A.: – Eu só quero fazer sua análise.

M.: –Você está na prisão. Está cumprindo pena já há cinco anos. Faltam mais três, ou, talvez, mais um ano. O ano passado, te dei liberdade condicional, você não soube usar. Tem que continuar presa.

A.: O que eu fiz para essa pena?

M.: – Você assassinou uma criança e tem que cumprir sua sentença. (E tudo isso acompanhado de lutas físicas, almofadadas.) Você vai para o camburão... (A traseira do caminhão de presos.)

A.: – Como se eu fosse mais um cocô seu... Você me prende no seu traseiro.

M. (rindo): – É, vai para lá, presinha... Me obedece, senão te mato.

A.: – Estou vendo todo o seu ressentimento e sadismo por mim, que sou uma mãe assassina, que devo espiar minhas penas e ficar presa ao seu traseiro como um cocô seu.

M.: – Só vai ser libertada dependendo do seu comportamento. Daqui a três anos. Isso começou em março de 1977 e só vai terminar em março de 1986.

A Analista está absolutamente envolvida na ação dramática e espantada com a revelação de Mário, pois agora sou eu a bandida, a assassina daquelas histórias "soltas no ar" que ele dizia. Agora eu tenho consistência e talvez tenha operatividade para trabalhar no relacionamento.

Comentários de D. Meltzer:

> *A analista claramente pinçou o tema central do drama, e você quer um novo bebê quando este é tão cruel com você, mas, além desse drama obsessivo, há também os fatos-da-vida, o tempo unidirecional e o limite de cada relação que é boa e que promove crescimento. Esse último tema, da ansiedade primária, defendido contra a obsessividade, que gera a ansiedade secundária, é mais importante de enfatizar, ou seja, Mário não pode viver sua boa relação, de bebê, com você por causa da inevitabilidade do desmame (a morte do peito). No sistema defensivo obsessivo, é a morte do bebê (sobre seu corpo morto) que é o preço da liberdade materna: se você (analista) somente percebe que está presa numa prisão e não presa à realidade física, e se defesas contra você não lhe oferecem um sistema alternativo, somente lhe oferece a reversão. A analista sendo controlada e ele na prisão. O sistema alternativo é liberdade para os dois, o que significa mudança, crescimento e fim. A posição depressiva.*

Nota: por duas semanas, ele tem jogado o "jogo da forca". Um dos dois pensa numa palavra e coloca traços correspondendo ao número de letras da palavra. A outra pessoa tem que adivinhar as letras que compõem a palavra. O oponente pode ter somente dez erros, após os quais ele será enforcado. Ou seja, a cada erro é desenhada uma parte do corpo, até que, com dez erros, o corpo é completado, e a pessoa é enforcada, conforme desenho a seguir.

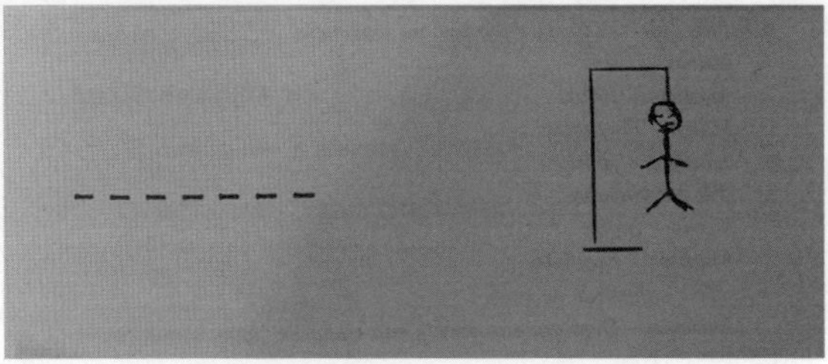

Existem algumas dicas para um jogador esperto. Por exemplo: ditar primeiro as vogais, que são somente cinco; olhando para os espaços entre as vogais, existem certas consoantes duplas que são típicas da língua portuguesa. Então não é meramente um jogo de adivinhar, mas também um no qual o oponente pode pensar em possíveis combinações.

Comentários de D. Meltzer sobre o "jogo da força":

> *Como muitos jogos infantis, esse pode ser interpretado no nível infantil como um jogo sobre o desmame, se o fim do jogo alimentar é interpretado como uma perseguição e punição ou um sucesso que, entretanto, é causa para tristeza por ter que renunciar ao "velho" peito (que se tornará jovem de novo para o próximo bebê). Os "erros" são aqueles de ação-sem-pensamento, baseados em sensualidade, voracidade, competitividade e crueldade para com a mãe ou seus bebês de dentro. Os "sucessos" estão baseados no entendimento da mente dos outros, ambos, a mãe (analista) e o bebê (paciente) compreendendo a mãe (analista).*

Sessão de 25 de abril de 1983 – Segunda-feira

Ele entra e me convida a continuar o jogo. Pega a sua folha e a minha caixa, as canetas e começa a pensar e eu a adivinhar. As palavras que vão aparecendo são, na sequência:

Mário: – Terra.

Analista: – Pedra.

M.: – Português.

A.: – Júpiter.

(Ele é enforcado.)

M.: – Inglês.

A.: – Esquisito. (Ele é enforcado de novo.)

Digo que sua mente está cheia de "homens estrangeiros" que ele pôs no lugar do buraco entre ele e eu, entre quarta-feira e hoje (separação mais prolongada por ter havido um feriado). Então ele não conseguiu ainda se encontrar comigo, está a caminho. Ele se emociona, tenta se recompor, depois promete que as duas seguintes serão diferentes.

Ele me interrompe para continuar o jogo.

M.: – Italiano.

A.: – Disposição.

M.: – Telecomunicação.

A.: – Telepatia.

M.: – Paz.

Termina a hora.

Sessão de 26 de abril de 1983

Ele propõe continuar o jogo.

Mário: – Espanhol.

Analista: – Caolho.

M.: – Americano.

A.: – Céu.

M.: – Brasileiro.

Digo que continua com os homens estrangeiros e, com essa atitude, torna-se fácil para mim adivinhar e ganhar. Ele torna a dizer que não vai mais fazer isso e propõe uma contagem. Eu ganhei porque cometi 39 erros até agora, e ele 190. Ele propõe que esse campeonato seja feito no sistema do vôlei, por rodadas. Eu ganhei duas rodadas e agora vamos para a terceira.

Sessão de 27 de abril de 1983

Ele começa com a palavra "Executivo". Eu pergunto: "Outro homem?".

Ele diz que não. "São os Três Poderes."

Analista: – Universo.

Mário: – Gato.

A.: – Rouxinol.

M.: – Cão.

A.: – Galáxia.

M.: – Pau.

Nesse ínterim, ele está fazendo movimentos repetitivos de pôr e tirar a tampa da caneta. Enfia e tira em movimentos que lembram coito. Eu estou tentando adivinhar a palavra, o que é difícil, por serem múltiplas as possibilidades.

Nota: "pau" é gíria de pênis em português.

Eu lhe falo de um coito que surgiu em sua mente, por estar próximo de mim. Ele me mostra a língua, eu insisto: – É aquilo para se fazerem bebês, por exemplo, você sabe...

Ele faz um sinal abrindo e fechando a mão.

A.: – Assim se faz uma marionete. Criança é igual a marionete?

M.: – É feita de pau.

Ele escreve a palavra seguinte: "Trinta".

A.: – Xerox.

M.: – Noite.

Eu lhe pergunto o que se passa à noite com ele, o que pensa. Ele me escuta e continua a encaixar e desencaixar a tampa de caneta. Eu escrevo: "Caos". Ele, emocionado, escreve: "Neve".

Comentários de D. Meltzer:

> *Parece-me que você, analista, perdeu a oportunidade de introduzir o significado interpretativo na sua própria escolha de palavras, enquanto assumiu que as escolhas inconscientes do paciente seriam significativas. Também vale a pena assisti-lo pensando mais do que adivinhando e mostrar-lhe o sistema para fazer isso, que é primeiro os veículos e então outras letras em ordem de frequência e linguagem e aparência dos ditongos (sh, qu, th etc.). Existe também a questão da*

diminuição do retorno terapêutico ao jogar qualquer jogo com a criança. Geralmente, eu aceitaria entrar no jogo somente em bases experimentais, a fim de investigar seus significados, e recusaria continuar, uma vez que o analista alcançou um claro significado na transferência.

De outro modo, a atmosfera de competição se estabelece muito concretamente e arrasta para longe a atmosfera original de observação e pensamento. Um jogo como esse, produzindo uma palavra a cada 10 ou 15 minutos, é muito antieconômico para prosseguir por causa do seu conteúdo.

O jogo de enfiar e retirar a tampa da caneta é masturbatório. Eu acho que isso indica que a atmosfera de competição é também muito erótica para ele.

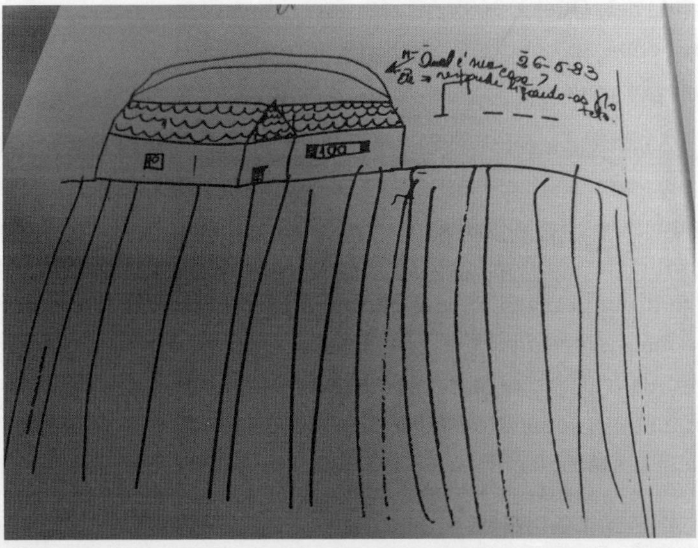

Perspectiva de vida

A análise continua, agora com três sessões semanais para possibilitar sua frequência num curso de datilografia, que lhe exige três manhãs.

Há dois anos, Mário participa de atividade esportiva em grupo em Centro da Prefeitura por sugestão minha, em conversa conjunta com os pais. Estes, várias vezes, foram orientados no sentido de oferecerem recursos para ampliar as áreas de interesse do filho e para colocá-lo em situação de execução prática. Pensando em profissionalização, foi sugerido tentar aproveitar suas defesas (obsessivas), sem, porém, afastá-lo totalmente de tarefas que exigiam ter que se orientar diante de fatos novos.

A sensibilidade a mudanças do *setting* se faz sentir. Diante de tais mudanças, se faz mais presente o medo de ser aniquilado, o estado de não integração, e há um incremento das defesas tipo segunda pele (Bick, 1968), pois ele passa novamente longos períodos em ocupação contínua com suas histórias-listas, sem deixar brechas por onde seu self poderia se escoar.

A capacidade de contenção pela introjeção de um objeto continente vivo é bastante instável e se perde completamente diante das "mudanças", dos movimentos do continente-analítico. Isso atesta o que foi referido antes: que o problema no pós-autista é não ter conseguido um espaço mental interno estável onde seu objeto possa ser mantido seguro. O registro desse objeto é expulso diante da mínima frustração, obrigando Mário a recorrer ao uso de objetos contentores concretos e presentes (isto é, não mentais) que provoquem sensações, por exemplo, o falar continuamente.

Essa é a condição mental de Mário: a ausência não pode ser vivida, a não ser como ameaça de aniquilamento. Então, a função mental não pode se desenvolver, a atividade simbólica não progride... as introjeções e projeções ocorrem lentamente, somente em momentos de grande estabilidade de condições de continente, com baixo nível de frustração e ansiedade. O perigo da deterioração da função mental por um enrijecimento é bastante acentuado.

Mário tem certa noção de suas dificuldades – "Não sei se vou poder servir no Exército devido ao meu problema" – e também de ter tido algum crescimento pela análise – "fora da realidade eu estava quando levantava você do chão só com meus olhos", comentário que acompanha sua tentativa de levantar com os pés a cadeira onde estou sentada.

Com seis meses de antecedência, combinamos uma data para pararmos o trabalho de análise, com o que ele concorda. Nas entrevistas finais com Mário e com os pais, eles referem que ele melhorou bastante no contato, toma iniciativas, expressa-se mais em relação a sensações e preferências. Antigamente, a participação dele em reuniões era falando as capitais do mundo, o que consideravam ser fantástico, mas, na verdade, era negativo; atualmente, participa falando com as pessoas.

O estar em contato, assinalo eu, é o inverso ao uso da defesa (falar sozinho) contra o novo, o desconhecido. Por outro lado, há uma atitude de Mário diante de suas tarefas cotidianas, seus compromissos, que é de manter bem estabelecidas suas sequências, em que imprevistos não são admitidos por implicarem modificação na execução ou adiamentos etc. Essa atitude – a sequência – deve ser combatida, não simplesmente aceita, mas discutida, para abrir alternativas para Mário.

Comparando os dois Rorschach feitos (um aos 11 anos e meio e o outro aos 15 anos), pode-se ver que Mário vivia num mundo completamente mágico-delirante, com um ego muito inflado e suscetível a ataques, cujos limites ocupavam todo o espaço, e sua vivência era caótica e invadida por sensações. Essa sensualidade diminuiu e ele se tornou mais concreto, mais delimitado, conseguindo manter sua tensão interna por tempo maior, não se satisfazendo mais com a descarga imediata, mas tentando fazer alguma forma de comunicação. Isso, porém, à custa de uma estruturação de defesas e diminuição de afetos e de interesses.

Síntese do Rorschach aplicado no início da análise

O teste foi aplicado por ocasião da avaliação realizada pelo colega que me encaminhou o caso, quando Mário tinha 11 anos e 5 meses.

O testando se mostra extremamente comprometido com seus raciocínios. Isso ocorre devido à gravidade da sua problemática emocional. Assim, é dono de intenso subjetivismo, as relações que estabelece são aleatórias e, por vezes, absurdas, é incapaz de manter uma linha de coerência, confunde acidental e essencial, fantasia com realidade, tornando-se impossível aprender com a experiência. Portanto, não estabelece trocas intelectuais compreensíveis com o meio, ficando ilhado num mundo de fantasias. Geralmente, está muito mais atento ao formal do que ao sentido e conteúdo dos fatos, e esse é o único mecanismo de que dispõe para não se desorganizar e não se deixar invadir por afetos que não sabe controlar.

O núcleo de sua problemática diz respeito à pequena capacidade que tem de sentir ansiedade; ou seja, só muito raramente se sensibiliza por um estímulo que o leve a buscar alguma forma de alívio. Pelo contrário, é uma criança que não interiorizou valores e parâmetros afetivos humanizados. Predomina uma sensação de vazio e uma pobreza nas vinculações interpessoais. Porém, só se torna bastante aflito quando há risco de ser invadido e destruído. Senão, busca compensação em objetos substitutivos que o satisfazem, dado que não tem suficiente discriminação para se perceber desamado e sem lugar onde está inserido.

Evidentemente, em tais circunstâncias, está totalmente à mercê do outro para providenciar seu equilíbrio psíquico. Dono de um ego extremamente frágil e de uma marcante pobreza de mecanismos adaptativos e defensivos, está constantemente sujeito a apresentar incontinências afetivas, revelando muita impulsividade e uma desproporção de reação entre o estímulo e a resposta, pois perde qualquer visão de contexto e de oportunidade. Além disso, não há nítida distinção entre mundo interno e externo, e revela uma tendência a selecionar os aspectos mórbidos e destrutivos no ambiente e em si mesmo. Nessas circunstâncias, pode apresentar reações de pânico incontroladas, fóbicas e de desorganização, pois não consegue perceber a natureza dos objetos nem julgar a qualidade dos estímulos que lhe assomam à consciência.

Por isso, mostra marcada insegurança, dependência excessiva dos demais, diminuição da autocrítica, impossibilidade de qualquer introspecção e extrema exacerbação da sensualidade. Quanto a este último aspecto, vale salientar que ainda se mantém preso a etapas muito precoces de desenvolvimento e, por isso, sua forma de conhecer, de relacionar-se com os outros e de se satisfazer dependem de recursos sensoriais, que, mesmo assim, não são organizados logicamente. Antes, obedecem a leis mágicas, subjetivas, pouco humanizadas e desenvolvidas.

É de supor, ainda, que um possível comprometimento neurológico diminua a sua possibilidade de integração e sua resistência à frustração.

Síntese do Rorschach aplicado no quarto ano de análise

Nessa época, Mário tinha 15 anos de idade. O que chama a atenção é que, *a priori*, ele estabeleceu um método de trabalho totalmente arbitrário: houve por bem dar três respostas por prancha. Com isso, conseguiu amortecer e anular qualquer impacto emocional que elas pudessem lhe causar ou trazer à tona aspectos com os quais não se sentisse aparelhado para lidar. Portanto, essa maneira de abordagem das manchas não seguiu nenhum critério lógico; antes, apareceu muito mais ligado a um conteúdo mítico próprio em torno do número três. Outra característica notória em suas percepções é que as justificativas apresentadas são parciais, às vezes insignificantes ou até mesmo absurdas. Prevalece um tipo de raciocínio infantil em que toma partes pelo todo. Consegue algum contato com a realidade, principalmente por meio da estereotipia e da rigidez. Evidentemente, não possui nenhuma capacidade de se deixar informar por dados objetivos, nenhuma habilidade para análise, e suas sínteses são enviesadas e "maníacas". Por isso, suas conclusões são apressadas, superficiais e, às vezes, delirantes. Não mostra crítica disso.

Há uma nítida confusão entre o mundo interno e o externo, e é possível perceber que o processo psíquico primário constantemente invade a consciência e ele organiza rituais mágicos para conter fantasias inconscientes. Tais fantasias têm um forte conteúdo destrutivo (temor de ser devorado? De destruir o outro com seus excrementos?).

Não existe uma noção clara de identidade e de todas as características que possa ter como pessoa e indivíduo. O eu dele não forma um todo unívoco. O que mais o desorganiza são seus sentimentos agressivos e de inveja. Geralmente, lida com eles minimizando-os por meio da negação e da identificação projetiva. O que se percebe é um nível de organização extremamente primitivo, onde ele sequer reconhece como suas todas as partes do seu corpo, muito menos os sentimentos que teme. Além disso, ele é muito pressionado por um superego perigoso e feminino.

Predomina nele um estado de excitabilidade emocional e uma acentuada suscetibilidade diante dos estímulos afetivos. Nessas circunstâncias, regride demais, evidenciando uma sensualidade exacerbada e perdendo a noção de contexto e proporção. Não possui modelos interiorizados de relações afetivas construtivas e só imagina vínculos de espoliação ou parasitários. Parece que nunca chegou verdadeiramente a estabelecer relações de objetos; antes, possui mitos e fantasmas substitutivos bastante perigosos. Decorrente disso, torna-se por demais perseguido e ameaçado e pleno de fantasias de ataque e de morte. Na tentativa de se equilibrar, tende a desvitalizar os objetos de seus interesses, resultando numa marcada aridez interna e numa frieza de contato que está longe de expressar o que realmente sente.

6. Revisão do caso Mário com Donald Meltzer em Oxford, 1997

Apresentação durante a supervisão, com a presença de J. A. Junqueira Mattos, J. C. Braga e Marli Braga

Ao ler para o Dr. Meltzer os itens que eu já tinha formulado em livro que só publiquei em 1999 – "Introdução", "Primeiros encontros" e as sessões de 15 e 16 de agosto de 1979, ele comenta que isso o faz lembrar-se (e provavelmente lembrou na época em que fez a supervisão desse material) de um menino de Oxford que estava gradualmente indo de um estado autístico para um estado esquizofrênico. Ele também fazia essas histórias elaboradas, com um sentido histórico, quase bíblico e realmente confabulatório, mas que tinham suas raízes na História e na Bíblia. Acredito que meu paciente deve ter ouvido sobre o Velho Testamento na escola, nas aulas de Educação Religiosa, e confabulou-o como se fosse sua história pessoal, e está muito preocupado sobre sua própria criação e concepção. Está muito determinado a que eu o escute e não fale, mas parece que eu ganho essa luta com ele e ele pode se tornar uma audiência muito interessada em minhas histórias.

Meltzer comenta:

> *Você certamente teve um grande impacto terapêutico na primeira parte da sessão, quando ele anunciou para você imediatamente que o lobo foi capturado e o ouro recuperado etc. Ele realmente organizou algum tipo de comunicação com você em que você está trabalhando quase que totalmente com sua intuição, porque o conteúdo do que ele diz não é realmente inteligível. Mas o que você pegou foi a essência de sua disposição de ânimo – e você fala com ele a respeito e ele parece muito, muito grato com isso, que você não se liga à sua linguagem, ao seu nível verbal. Você está a fim de tomar a linguagem em seu aspecto mais amplo e comunicativo, pegando seus sentimentos sobre as coisas. É realmente promissor.*

A analista lê os comentários de Meltzer feitos em 1979 sobre a sessão. Meltzer comenta:

> *Iniciando com o carneiro, que é parte da história de Abraão e Isaac, o fim do sacrifício humano, o fim do lobo, o fim do colocar de lado sua expectativa de ser comido e preparando-se para ter uma experiência diferente da de ser devorado.*

Continuo agora lendo alguns comentários enviados a Meltzer nesse mesmo período, acrescentados dos comentários de Meltzer feitos em 1979.

> *É tudo impressão, impressão emocional. Eu não sei se você pode pensar nisso acuradamente, mas é provavelmente o suficiente para fazer contato e para reassegurá-lo de seu interesse e atenção, que é o que ele precisa; seu interesse e atenção e sua fala, você dando nomes para as coisas e reconhecendo que ele está fazendo algo importante e útil. Meltzer (1997)*

Por não dispor de muito tempo, passo a ler uma síntese que enviei ao Dr. Meltzer em 1982, novamente acrescentada de seus comentários:

> *Eu tenho a forte impressão de que ele está revertendo a situação e colocando uma* performance *que representa o mundo adulto fora do alcance das crianças com sua esperteza, seus conhecimentos, seus padrões, sua sexualidade etc. Essa é uma situação em que o adolescente toma revanche por fazer exatamente o mesmo, desfilando sua sexualidade, clamando ser muito mais bem informado que o mundo adulto, lançando-se politicamente, dizendo que eles saberiam o que fazer se estivessem no governo, terrorismo, barricadas, comportamento do objeto combinado em que os adolescentes mostram para as crianças quão espertos e potentes eles são. É uma típica situação que você vê em crianças travestidas de adultos e que são tipicamente esses atores e atrizes, o tempo todo representando. Meltzer (1997)*

Proponho ler a sessão de 9 de março de 1981:

"Ele viu o paciente anterior sair."

Meltzer: – Adulto ou criança?

Analista: – Criança. Ele entra, me cumprimenta apertando minha mão e olhando bem nos olhos. Aí ele fala: "A Prefeitura deseja uma boa viagem". Os olhos se enchem de lágrimas. Eu pergunto: "O que é, Mário? Ficou triste? Começou a sua viagem e está emocionado?". Ele não responde e segue falando de um trajeto como uma mapa rodoviário de São Paulo a Montevidéu e a rota contém: Miracatu, 2 km; Registro, 2 km; Jacupiranga, 22 km.

Meltzer: – Esse mapa tem alguma relação com a realidade? Os nomes? As distâncias?

Analista: – Não.

Meltzer: – É completamente confabulatório?

Analista: – Sim, mas ele mantém um ritmo nas distâncias, que é 2, 2, 22, 1, e também um ritmo de nomes: três nomes, dois nomes, três nomes.

Junqueira: – Isso parece um tipo de ritmo, como de uma canção musical.

Meltzer: – *An encantation* (uma cantiga)? Essa é sua interpretação.

Analista: – Você está aqui fisicamente, visualmente, sensorialmente, mas sua emoção está a caminho para ir se gastando pelo medo de chegar e se agarrar à Analista-saco-de-pancada e correr o risco de invasão.

Meltzer: – Isso é o que você disse a ele. O que é Analista-saco-de-pancada, o que isto quer dizer? Por que você se refere assim a você mesma?

Analista: – Porque, na semana anterior, ele me chutara.

Meltzer: – Assim, a impressão é a de que algum tipo de separação está em andamento e ele está ensaiando alguma ideia de distância.

Participante: – Isso foi o fim da análise? Quanto tempo mais ele ficou?

Analista respondendo ao participante: – Não, eu me enganei, esta é uma sessão de 1981, após dois anos de análise.

Meltzer: – Penso que há mais relação de objeto aqui. É como a criancinha cuja mãe saiu para as compras e ela ensaia para si mesma onde está a mãe, para onde ela está indo agora, ela está na rua, agora está na loja, agora está voltando para casa e agora ela está aqui. É um modo de controlar. A paciente que estou lembrando agora, quando era criança fez um roteiro em volta do fogão no qual ela seguia com seu dedo aonde a sua mãe estava indo.

Analista: – Estava mapeando a posição do objeto.

Meltzer: – E, desse modo, controlando-a.

Analista: – Então, ele praticamente não mudou.

Meltzer: – Mas está mais na relação de objeto. E não está fazendo muita reversão, e você tendo que olhá-lo e ele representando etc.

Analista: – Há um outro comportamento durante a sessão: escreve números a sessão toda. Ele está triste e deprimido (sessão de 7 de março de 1983), olha para mim e seus olhos se enchem de lágrimas. Para, pensativo, com uma folha de papel e uma caneta vermelha. Informo-o de como o vejo. Ele inicia a sequência de números que, na linha horizontal, é crescente e, quando muda de linha, ele começa os mesmos números, exceto um:

81-82-83-84-85-86-87-88-89-90

80-81-82-83-84-85-86-87-88-89

79-80-81-82-83-84-85-86-87-88... Eu lhe digo que, na última segunda-feira, ele fez a mesma sequência e pareceu-me ser um caminho que ele criou mentalmente para trazê-lo de volta a mim.

Meltzer: – Sim, isso é provavelmente correto. As crianças que desenham mapas de como ir de casa ao consultório são muito, muito frequentes. Frances Tustin teve um menino que sempre desenhava mapas, e um dia ele desenhou um mapa de sua casa até o consultório dela. Um dia, ele desenhou um leão alcançando um pedaço de carne, e foi exatamente o mesmo desenho do mapa que ia da casa para o consultório. Foi realmente uma maravilhosa representação de como era, em sua mente, um caminho da casa ao consultório, voraz e desejoso de sua carne. Tustin ficou surpresa com isso.

Analista: – Há um item final no meu trabalho, que chamei: "Perspectiva de vida". Nos últimos dois anos, Mário tem tomado parte em atividades esportivas em grupo, por minha sugestão em conversa com os pais. Estes foram várias vezes aconselhados a oferecer situações que expandissem o interesse dele e até a colocá-lo em aprendizagens profissionalizantes, de acordo com suas características e predileções.

Meltzer: – Isso acontece com a criança com um início autístico que emerge do autismo e se torna mais e mais obsessiva, e então sua obsessão apodera-se de alguma atividade particular, que ela então desenvolve e desenvolve, e seus interesses se tornam cada vez menores. Mas o produto se torna mais e mais excelente e ela no caminho de se tornar o "*idiot-savant*", o que quer dizer o idiota com alguma brilhante habilidade em alguma pequeníssima área. Algumas vezes nos números, algumas vezes no xadrez, algumas vezes nos desenhos. Nós temos um menino que se tornou bastante famoso por seus desenhos. Ele desenha coisas em arquitetura, e ele podia olhar para um prédio por cinco segundos e desenhava-o com todos os detalhes. Sem perspectiva. Ao longo dos anos, ele tem desenhado cenas de Londres e gradualmente destruiu a cidade inteira, mas destruiu-a exatamente do jeito que Londres foi destruída, com seus lindos edifícios sendo substituídos por horríveis arquiteturas modernas, e frequentemente a perspectiva era vista como se fosse de um avião. Ele fez desenhos maravilhosos. Eles fizeram um filme chamado *Rain Man*, fizeram uma corporação para vender seus desenhos e rodar com ele, expondo-o como uma atração de circo. Porque ele era mesmo uma aberração. Ele era um "*idiot-savant*", um absoluto idiota em outros aspectos, exceto nessa área, em que ele era um pequeno gênio, realmente.

Analista: – Nós reduzimos o número de sessões para três para que ele pudesse fazer um curso de datilografia, três manhãs por semana. A sensibilidade às mudanças de *setting* continuou acontecendo e, diante dessas mudanças, o medo de ser aniquilado aumentava. De um estado de não integração, ele foi para um incremento de defesas tipo "segunda pele". Ele passa novamente longos períodos numa ocupação contínua com histórias-listas, sem deixar brechas por onde seu self se escoaria. A capacidade de contenção pela introjeção de um objeto continente vivo é bastante instável e se perde completamente diante das mudanças, dos movimentos do continente-analista. Isso atesta o que foi referido antes: que o problema no pós-autista é o de não ter conseguido um espaço mental interno estável onde seu objeto possa ser mantido seguro. O registro desse objeto é expulso diante da mínima frustração, obrigando Mário a recorrer ao uso de objetos contentores concretos e presentes (não mentais) e que provoquem sensações como, por exemplo, a de falar continuamente. Essa é a condição mental de Mário: a ausência é vivida sempre como ameaça de aniquilamento. Desse modo, a atividade simbólica não pode progredir, as introjeções e projeções ocorrem lentamente, somente em momentos em que há condições de continência, com grande estabilidade no tempo e com baixo nível de frustração e ansiedade. O perigo de deterioração mental por enrijecimento é bastante acentuado. Ele tem certa noção de suas dificuldades: "Não sei se vou poder servir no Exército devido ao meu problema". Também tem certa noção de que teve um crescimento pela análise: "Fora da realidade eu estava quando levantava você do chão só com meus olhos". Com seis meses de antecedência, combinamos uma data para pararmos o trabalho de análise, com o que ele concordou. Nas entrevistas finais com ele e os pais, eles se referem à sua melhora no contato, ele toma iniciativas e se expressa mais em relação a sensações e preferências. Antigamente, a participação dele em reuniões era falando as capitais do mundo, que eles consideravam fantástico, mas, na verdade, era muito negativo. Atualmente, participa falando com as pessoas. Continua muito "sistemático" diante de suas tarefas cotidianas e seus compromissos, mantendo bem estabelecidas as programações, em que os imprevistos não são admitidos, por implicarem modificação ou adiamento da execução. É sugerido que essa atitude precisa ser combatida, não simplesmente aceita e discutida para abrir alternativas. Comparando os dois Rorschach feitos (um aos 11 anos e meio e o outro aos 15 anos), pode-se ver que Mário vivia num mundo completamente mágico-delirante, cujos limites ocupavam todo o espaço, e sua vivência era caótica e invadida por sensações. Essa sensualidade diminuiu e ele se tornou mais concreto, mais delimitado e conseguindo manter sua tensão interna por um tempo maior, não se satisfazendo mais com a descarga imediata, mas tentando alguma forma de comunicação. Isso, porém, à custa de uma estruturação de defesas e diminuição de afetos e de interesses.

Meltzer: – Isso corresponde ao que foi sua experiência clínica com ele. Sua fala, sua rigidez e repetição foi certamente o que Mrs. Bick chamaria "a segunda pele". Ela descreve isso em *The Gift of the Gab* (2017) (a habilidade para falar bem e continuamente). Esse falar, falar, falar como modo de criar uma segunda pele, na criança com uma perturbação autística, cedo na infância, não necessariamente no início, mas durante os primeiros três anos, muito frequentemente conectado com o nascimento do irmão seguinte. É um tipo de redução a uma mentalidade muito simples, sensual e, é claro, a repetição tem a função que a percepção tem no desenvolvimento habitual. Em vez da percepção de objetos, eles produzem esses fenômenos repetitivos que funcionam como se estes fossem os objetos e, desse modo, essas crianças ficam relativamente livres de ansiedade por produzirem comportamentos ritualizados, em vez de ansiedade, em vez de emoções.

Analista: – É um outro tipo de mundo.

Meltzer: – Não é realmente nem mesmo um mundo. É apenas um "borrão" de sensações não integradas nas quais os diferentes sentidos não são relacionados uns com os outros, e nada se torna tridimensional. Tende-se a permanecer bidimensional, e as relações objetais, no melhor dos casos, são muito adesivas, na superfície, e elas se agarram com seus olhos, seus ouvidos, seu nariz.

Junqueira: – É algo que Dr. Meltzer descreve como identificação adesiva.

Meltzer: – É identificação adesiva. Isso parece ser a história natural da perturbação autística que progride para um tipo de obsessividade que pode se tornar perfeita na forma do "*idiot-savant*", com interesses e preocupação com alguma pequena atividade artística ou intelectual. Eu tenho ouvido crianças que apenas "tocam" piano; elas não fazem música, mas fazem a mais maravilhosa sequência de sons. Assim, torna-se um tipo de música, um tipo de música nova, algo como Schönberg, com diferentes escalas, diferentes notas e com um forte ritmo. Você tem que gastar um tempo longo com uma criança assim para chegar a algum sentimento que seja da natureza de seu mundo mental, porque é tão diferente de cada um que nós chamaríamos de mental.

Junqueira: – Nesse sentido, seria uma defesa de uma profunda ansiedade esquizoparanoide essa repetição (ato de repetir e repetir).

Meltzer: – Eu não julgo que seja útil pensar nisso como uma defesa. É realmente uma partida para uma possibilidade de desenvolvimento.

Analista: – Você dedicou um capítulo no *Studies Extended Metapsychology* (Cap. XII) revendo a "Doença psicótica: 10 anos depois de *Exploration in Autism*".

Meltzer: – Não me lembro. O que eu disse?

Junqueira (retorna à resposta anterior): – Essa é uma partida para uma possibilidade de desenvolvimento.

Meltzer: – Sim. É, num certo sentido, uma aventura em outra modalidade de vida. E, algumas vezes, como eu disse no caso do "*idiot-savant*", eles realmente desenvolvem e produzem algo de mais valor ou nós investimos isso de valor. Esse menino que desenhava os prédios, estes realmente não tinham qualquer valor artístico, eram tão exatos, corretos, precisos e fotográficos que nos perguntamos se ele fazia isso por meio de algum processo fotográfico interno.

Analista: – No caso, um dos sentidos estava bem desenvolvido?

Meltzer: – É isso! O sentido visual estava desenvolvido como uma máquina fotográfica. Ele fazia fotografias em sua mente e as reproduzia maravilhosa e rapidamente.

Analista: – É mais simples quando você não tem que combinar todos os sentidos para "perceber" o objeto. Porque, num estado autístico, os sentidos estão funcionando separadamente.

Meltzer: – Sim, porque o autista não vê as coisas com sentido. Ele as vê concreta e factualmente, e esse menino que fez esses desenhos arquitetônicos é completamente sem imaginação. Quando ele acrescenta coisas imaginativas, que são quase sempre prédios pegando fogo, entrando nas janelas, pessoas estão pulando pelas janelas, e assim reposto por um horrível pedaço de plástico. Toda Londres foi substituída desse modo. Sua destrutividade tem mais vitalidade do que tudo mais. Quando essas chamas entravam pelas janelas, isso era muito real e com muito movimento.

Analista: – É correto pensar que você está distinguindo três diferentes mundos: o mundo autístico, o mundo da identificação projetiva e o mundo da mente simbólica?

Meltzer: – Certamente! Eu uso o conceito de mundo muito em relação ao mundo da identificação projetiva, ao mundo do sistema delirante e ao mundo da percepção imaginativa. Se está correto pensar no autista tendo um mundo, eu não estou seguro, porque é tão não integrado e tão sem sentido que eu não estou realmente seguro se posso chamá-lo de mundo. Nada se desenvolve, nada realmente acontece, e frequentemente pode-se ver que há um elemento de *folie-à-deux* entre a criança e os pais quando envolvidos. Por exemplo, um menino que tinha sido autista e se tornou extremamente obsessivo, ficou terrivelmente fixado com a ideia de que ele tinha que ver o peito da terapeuta e implorava que tirasse sua roupa. Quando se tornou claro, após alguns meses, que ela não iria fazer isso, ele decidiu fazer, ele mesmo, outra terapeuta, o que pôs em prática coletando pedaços de gravetos e sucata perto de sua casa, com a ajuda de seu pai. Ele começou a construir um objeto delirante. Começou a invadir a sala de jogos à qual tinham sido dadas várias funções, como "escutar e relembrar". Finalmente, ele ficou desapontado com sua terapeuta alternativa, que não era assim tão bonita como sua terapeuta real, que era realmente uma adorável moça da Finlândia. Assim, ele decidiu: se ela não podia tirar sua roupa para mostrar seu peito, e ele não podia construir um objeto que fosse tão bonito como ela, ele construiria um telescópio com o qual poderia ver a cúpula da catedral de Saint Paul. O problema em ver a cúpula da catedral de Saint Paul é que ele não conseguia vê-la da janela de sua casa porque a janela não era alta o suficiente. Assim, ele teve que construir um periscópio e seu pai ajudou-o a construí-lo. Ele ficou muito, muito contente com isso porque o periscópio ficou pronto no período em que sua terapeuta teve que voltar para a Finlândia.

Junqueira: – É interessante porque alguns japoneses têm um tipo de admiração especial, como um Deus, pela montanha Fujiama. Ela parece um peito e eles têm um respeito e admiração.

Meltzer: – Talvez isso seja como o peito japonês. Todo o seu interesse fica focalizado num órgão dos sentidos particular e sua função num objeto particular, ouvir um objeto particular ou cheirar um objeto particular.

Analista: – Você aborda, entende tal movimento do menino como ele enfrentando um problema de formação simbólica? Ou como apenas uma identificação projetiva com o objeto-peito aprendido em sua dimensão sensorial?

Meltzer: – Nenhum dos dois. Há uma absoluta falta de formação simbólica, uma absoluta falta de concretude, o objeto tem um impacto somente sensual, não há impacto erótico ou espiritual. Por exemplo, para os japoneses, o Fujiama tem um impacto espiritual. Para a criança autística, é puramente um impacto sensual, uma imagem.

Analista: – Mas quando ele mudou o seu interesse de ver o peito da terapeuta e tentar ver a cúpula, esse movimento poderia ser entendido como um início da formação simbólica?

Meltzer: – Não é formação simbólica. É um substituto, é formato de peito, é tudo.

Analista: – É uma equação simbólica?

Meltzer: – É uma equação simbólica. Eu tive uma linda experiência com uma paciente minha que esteve em análise por quatro, cinco anos, muito briguenta, argumentadora, acusadora, difícil de conviver, uma mulher muito desagradável. No decorrer da análise, as coisas se tornaram gradualmente mais suaves e ela começou a ter alguma aproximação a sentimentos mais tenros, não eróticos, não emocionais, mas definitivamente sentimentos tenros para comigo e para com o famoso cavaleiro de Siena, e o outro é o pôster mostrando parte de uma famosa batalha de San Romano por Paolo Uccello, um pintor do século XIV. Nos feriados de Páscoa, ela subitamente anunciou que tinha estado na Itália. Ela nunca tinha estado no continente e foi para Siena e Florença. Ela teve umas férias como nunca tinha tido, viajando com um grupo primeiro para Siena e depois para Florença. E eu disse para ela: "Sim, você foi muito feliz vivendo no eixo Siena-Florença". Uma pintura estava na parede do divã e a outra no lado oposto, cruzando a sala. E então ela teve um belíssimo sonho. Ela sonhou que era um bebê deitado num casaco e brincando com seus brinquedos, e os pés estavam no ar, e então, subitamente, ela teve um orgasmo; e, assim que teve o orgasmo, o quarto pareceu levitar e começou a voar pelo ar; e assim que ela voou pelo ar, para fora da janela, ela viu a cúpula do Domo de Florença. Isso foi uma revelação para ela, e foi uma representação, eu pensei, muito clara, do bebê ao peito, subitamente vendo o outro peito, não aquele que o estava alimentando com o mamilo em sua boca, mas o outro peito, e vendo a beleza do outro peito, e sendo sugado deveria ser bonito também. A partir desse momento, a relação emocional comigo começou a se desenvolver e algo semelhante a amoroso iniciou em sua experiência de vida. Atualmente, ela se queixa de que sabe que eu nunca vou amá-la e de que seu amor por mim é sem utilidade. Eu lhe disse: "Eu provavelmente nunca irei amá-la, mas eu posso, certamente, vir a admirá-la e respeitá-la algum dia". Isso não a satisfez. A ideia de descobrir o amor e não ser "Essa é exatamente a situação dos pais e dos filhos. A criança vê a beleza dos pais, mas os pais veem o potencial de beleza do filho". A criança não está formada ainda, e o que você acha bonito nela em geral são os cabelos, os olhos, mas o corpo é ainda sem forma. Imaginativamente, os pais veem a criança que vai se transformar no futuro numa linda mulher ou num belo rapaz. Eu pensei dizer isso a ela, que a criança não tem a reciprocidade dos pais, da mesma forma que os pais têm uma reciprocidade um pelo outro. Nós não amamos as crianças pelo que são. Nós as toleramos pelo que se tornarão, e esse sentimento é esperança, que não é o mesmo que reciprocidade. Nós não vemos as crianças como anjos. Elas são mesmo algo primitivo e satânico. Se nós idealizamos as crianças e projetamos e idealizamos a parte-bebê de nós mesmos, então nós estamos tendo um amor não saudável por elas, que não as ajuda em seu desenvolvimento e é a base da *folie-à-deux* entre os pais e os filhos.

Junqueira: – O paciente que implorou para ver o peito da analista e ela não concordou, e então ele construiu a terapeuta-substituta e depois construiu o periscópio para ver a cúpula da igreja. Meu problema é que há uma correlação entre o peito da terapeuta, que ele não pôde ver, e a cúpula de Saint Paul, que ele pode ver pelo periscópio que seu pai ajudou a fazer. Assim, não há simbolização, mas um tipo de aproximação, como a preconcepção de uma coisa para outra. Eu penso que há alguma relação. Do contrário, ele não tentaria ver a cúpula.

Meltzer: – Eu penso que a ideia da preconcepção, de procurar a preconcepção, é um bom caminho para expressar isso. Não é objeto parcial e certamente não é objeto total. É a preconcepção de um objeto. Eu penso que, no caso de crianças autistas, a preconcepção é muito simplificada, não há nem mesmo a qualidade de um objeto animado, mas pode ser satisfeita por um objeto inanimado.

Claro que isso é um material inanimado, um símbolo de um objeto, porque ele realmente inicia com um material inanimado que ele modela e põe vida nele. No caso do menino ao olhar a cúpula de Saint Paul, ele estava apenas tendo uma conexão puramente sensual com o objeto de desejo, algo similar ao que um menino sentiria ao estar olhando para uma foto pornográfica e se masturbando, algo puramente sexual. Nesse caso, o desejo em si não está conectado com um objeto vivo, está somente conectado com a forma que, eu penso, seria corretamente chamada preconcepção.

Analista: – E sem significado?!

Meltzer: – Absolutamente. Somente uma forma, uma satisfação essencial, olhando para a forma. Nesse sentido, como um tipo de foto pornográfica.

Reflexões da autora (1998)

Nos primeiros dois anos de análise, eu não conseguia ter uma interação comum e um contato com a parte inconsciente de Mário, como com os outros pacientes. Essa ausência de contato e sua apresentação como de um repórter-ator-comentador falando para os ouvintes – suas defesas ao contato – foram criando uma enorme dificuldade de trabalhar analiticamente com ele, e o que pretendia era que tais defesas caíssem e aparecesse, assim, o bebê-que-tinha-entrado-num-quadro-autístico. A organização defensiva que ele conseguiu saindo do autismo era de rigidez, repetição e inacessibilidade irremovível aos meus olhos.

As fugazes manifestações vitais do bebê (personalidade de Mário que contatava com outro ser humano) deixavam dúvidas quanto a se o bebê-Mário estava vivo, levaram-me a enfrentar o gorila, desmistificando-o, lutando contra a sua falsa grandeza, que, na verdade, estava impedindo o "salvamento" do bebê, da parte viva da vida psíquica de Mário. Desse modo, posso entender a minha mobilização e ataque ao Mário-gorila, eu tentando ser frequentemente o bebê-super-herói, que vai vencer o gorila. E é dessa posição que posso entender todas as "explorações" e "atuações", que presumi serem devidas à não aceitação do que veio a ser a profundidade e a extensão da cisão da personalidade de Mário. Além disso, as condutas que eu observava na sala de análise (e que conseguia tão bem descrever para o Dr. Meltzer, o que possibilitou que ele oferecesse sentidos) não tinham para mim nenhum sentido em seu conteúdo e as considerava apenas como defesas ao contato e à experiência emocional. Aliás, sentia-o frequentemente tão distante que tinha dúvidas de que estivesse se desenvolvendo, de fato, uma transferência. Sem dúvida, os sentidos que o Dr. Meltzer foi me oferecendo sobre os materiais que eu lhe apresentava me tornaram gradativamente mais capaz para "teorizar" a partir da clínica, com o referencial kleiniano, enriquecido, já naquela época (1978), com as contribuições de Bion sobre a *rêverie* materna e a função alfa, visão epistemológica que Bion nos brindou da relação mãe-bebê.

Havia, porém, um "embate técnico" comigo mesma que permaneceu por muito tempo nessa análise e que consistiu em assumir ser intervencionista, posição contrária à postura analítica que eu havia adquirido até então!

Reconheço que inúmeras vezes fiz intervenções que soavam como *acting-in* de minha angústia para "salvar o bebê". Quantas vezes a intolerância a essa angústia e a impotência diante da situação de que as minhas interpretações não mudavam o estado de mente de Mário-gorila me levaram a desistir de analisá-lo; nessa situação extrema, Mário dava uma resposta mostrando que ele queria e precisava continuar.

Dr. Meltzer mostrou a necessidade de lutar por um espaço para que eu pudesse "existir analiticamente". Isso se realizou durante as sessões, pensando em voz alta, dramatizando, ameaçando sair da sala, sugerindo não continuar a análise.

Gostaria de propor uma reflexão sobre a técnica de atendimento num caso dessa gravidade, com sérias limitações para o crescimento da mente simbólica, incapacidade de aprender por impossibilidade de "estar na experiência emocional" e de "continuar estando na experiência emocional" para que ocorram as transformações em significados, em símbolos. Essa impossibilidade vem da "imposição" do paciente em cortar o contato, que se torna intolerável. A falta de um espaço interno em sua estrutura inicial não permite que possam ser mantidos vários elementos da experiência e estes serem unidos para que, por meio de elaborações, resultem significados.

Dito de outro modo, o que Mário "consegue pensar" durante uma situação relacional é tão adverso, cru, definitivo, imensurável, sem alternativas e saídas, que só lhe resta isolar-se em seu mundo de histórias. Parece então que é preciso "cercar a situação terapêutica" por todos os lados: dando significado ao conteúdo de suas comunicações, mostrando seus modelos de pensar, encarregando-se de um bebê, sua parte viva, lutando contra a arrogância e a grandiosidade do "gorila".

Por último, talvez merecesse considerar o que chamei de minha contratransferência não apenas como uma situação emocional minha, uma intolerância, uma manifestação de impotência diante de tanta "estupidez do gorila" (defesa dele). Diante da impossibilidade de analisar essa parte, tentava focalizar minha atenção no "bebê-moribundo", sua mente simbólica incipiente em via de se estagnar.

Importante considerar também que um paciente como esse, que falha sistematicamente no estabelecimento de uma relação e deixa de cooperar, desperta sentimentos que devem ser compreendidos como diferentes dos sentimentos contratransferenciais. Considerar que o paciente não usa o analista como um continente para suas identificações projetivas e, portanto, o analista não consegue desempenhar sua função de objeto continente externo.

Post-scriptum em 2023

Voltando a pensar no funcionamento mental de Mário

Parecia um deficiente ao primeiro olhar. Neste primeiro contato, lidou com a situação nova nomeando o conteúdo da caixa lúdica, coisa por coisa, e repondo tudo no lugar, perguntando o horário de sua sessão, mostrando, desta forma, que respondia à nova experiência com uma estrutura obsessiva. Nas sessões seguintes, passou a falar compulsivamente, impedindo qualquer contato transferencial.

Relendo os comentários de Meltzer acerca das sessões que eu levava à supervisão, foi ficando claro que Mário não conseguia fazer transformações em símbolos (autônomos) de suas experiencias sensoriais e emocionais. Ele conseguiu uma reorganização de sua personalidade, após o autismo infantil não tratado, à custa de defesas obsessivas (controle e separação dos objetos internos, do casal internalizado), impedindo qualquer criação, qualquer criatividade, qualquer criação simbólica. Havia também um desejo de ser atendido, ser aceito e de querer saber, conhecer, mas a estrutura defensiva praticamente não permitia. Ele se comunicava a partir de histórias que faziam "alusão" a estados emocionais, mas "disfarçados", e seu self funcionava cindido entre "uma marionete-gorila" que impedia o contato com um bebê em desamparo, um bebê mudo. Na transferência, eu, analista, era principalmente o bebê que não devia se comunicar, que era tolhido e ameaçado.

Quando iniciei o atendimento a Mário, em 1978, meu desenvolvimento como analista privilegiava o aqui e agora na transferência e contratransferência da relação analítica tendo como base os ensinamentos de Bion acerca da formação da mente simbólica. No caso de Mário, porém, o problema estava justamente em sua estrutura mental que pudesse levar a transformações em elementos alfa e em símbolos. Eu nunca tivera um caso clínico desta natureza e, na época, não consegui um suporte de quem pudesse me esclarecer esta estrutura, até que conheci D. Meltzer, como está referido neste livro.

Não foi nada fácil viver tais identificações projetivas dele e não ter respostas ao que procurava compreender e lhe falar. Minha contratransferência chegou ao limite de não aguentar ficar no lugar de não ser ouvida, como pode-se ver em várias passagens do livro. E mesmo quando cheguei a aceitar este lugar e continuar a interpretar, ainda assim, minha expectativa era de que houvesse mudanças. Na verdade, algumas pequenas mudanças foram acontecendo ao poder falar a Mário de suas emoções, ao estar presente na sala comigo e poder falar algo do mundo em que vivia, ajudado pelos comentários de Donald Meltzer. Recentemente, enriquecida pela experiência clínica e pela compreensão do processo onírico da vida mental, é que pude fazer uma nova leitura das histórias de Mário apresentadas no Capítulo 1. Tais histórias poderiam ser consideradas como "sonhos", vivências que não puderam seguir a transformação em conhecimento para se tornarem conscientes, para poderem ser comunicadas e entendidas. Algo curioso a relembrar informado pela mãe: embora tivesse havido melhoras em vários comportamentos de Mário, ele continuava se isolando onde estivesse para poder "contar histórias". Mesmo visitando parentes ou em outros lugares, ele se isolava e, como ele dizia, "para fazer suas coisinhas".

Conjecturei que as experiências emocionais que ele estivesse tendo durante as interações teriam que ser "descarregadas" em histórias que diziam respeito ao que estaria sentindo naquele momento. Este comportamento dele me fez lembrar o que foi descrito por Bion como inversão da função alfa.

Um aspecto de sua vida familiar que pouco valorizei na época foi a interação deste menino com seu pai, contada pela mãe: um pai explosivo, intolerante com o comportamento de Mário, chegando frequentemente a bater nele por não responder, não interagir, pelo comportamento autístico e pós-autístico de Mário. Relendo "suas histórias" encontrei trechos em que parecia estar contando como se sentia com seu pai; por exemplo, no início da análise, quando conta: "tudo começou na pré-história"; ou na sessão de 4 de maio de 1978: "Falaram que meu amigo é surdo... parece absurdo apanhar tanto... Pandeiro não, SURDO é meu nome, pandeiro não come... mas pode apanhar...".

Situações vividas comigo durante as sessões, como num dia que chego quinze minutos atrasada e aviso que vou repor o horário na sessão de 15 de maio de 1978, em que Mário inicia falando dos presos do Dops... etc. Ou na sessão de 15 de junho de 1978 e na seguinte, em que passa a falar até o fim do horário "Por favor, não me comprometa", resposta a uma intervenção minha em que digo como será que Mário, agora com 13 anos, sente-se ao estar comigo, uma mulher adulta.

Nessa releitura, pude redescobrir como as histórias pareciam estar ligadas ao "aqui e agora" na relação analítica; e também pareciam exteriorizações de seus pensamentos acerca de si mesmo e de suas relações. Como na sessão de 27 de outubro de 1978, "A verdade da xerox", ou na sessão de 19 de outubro de 1978, "Diário do homem solitário".

Fica claro para o leitor que, no terceiro semestre de análise, Mário está muito ligado à analista e manifesta a ansiedade de separação nos intervalos maiores, ou o ciúme pela presença de outros pacientes.

Em outros momentos relatados, minha intervenção o desestabiliza e ele recorre à defesa máxima, como nas sessões de 17 a 24 de outubro de 1979, em que o falar sem parar visto por Meltzer como sem conteúdo é apenas a defesa Tela Beta, e o contato pré-verbal foi aumentando enquanto ele me mantinha ocupada, entupindo-me com suas listas.

No modelo de Bion, o self, com a ajuda dos objetos internos primários (o seio pensante), pode ligar a experiência emocional, por meio da função alfa, para criar os símbolos que possibilitam o pensar racional. Meltzer, porém, em seu texto *Mindlessness: Failure and Reversal of Alpha-function* (1988), afirma que o modelo de Bion vai além em sua complexidade e nos dá uma base para descrever e relacionar um amplo espectro de fenômenos que, em conjunto, poderiam ser descritos como não mentais, protomentais ou somapsicóticos. Agregando o conceito de elementos Beta ao enigmático conceito de elementos-beta-com-rastros de ego e superego (produtos da inversão da função alfa), Meltzer construiu um modelo que permite uma ampla diferenciação dos graus de fragmentação.

Meltzer descreve três níveis distintos de fragmentação da experiência emocional e os diferentes modos de evacuação do aparato mental. Ele considera, em primeiro lugar, um modelo para representar o processo pelo qual se formam os símbolos. Meltzer se inclina a pensar como Freud, que a operação central da formação de símbolos é uma operação de condensação. O processo de condensação atua sobre o mito da experiência emocional. Neste estágio mítico da experiência emocional, como nos sonhos discursivos, o significado está aberto a muitas interpretações, mas quando a condensação continua e desta deriva um símbolo extremamente condensado, o significado agora está "contido", deixa de estar aberto a múltiplas interpretações e fixa a zona de conflito e a dor mental. O avanço gradual para a clarificação, a condensação e o símbolo podem ser sustados pelas forças contra a verdade (-L;-H; -K), que invertem o processo da função alfa e canibalizam o símbolo em desenvolvimento. Podemos distinguir três diferentes experiências emocionais para evacuação: 1) dados sensoriais brutos, ou os elementos Beta; 2) construções míticas fragmentadas com pedaços de histórias referidas a experiências emocionais, ou o falar compulsivo, a Tela Beta; 3) evacuação de símbolos fragmentados, canibalizados, resultando em fenômenos alucinatórios.

Mário teve episódio de autismo como defesa ao desmantelamento dos diversos sentidos e suspensão temporária da passagem do tempo, levando a estados de desmentalização. O fracasso primário da função continente do objeto externo levou ao fracasso de um self continente e a uma ausência de espaço interno em sua estrutura mental. Deste modo, como dar continuidade aos fragmentos de experiências se não há lugar, um continente para uma condensação, para continuar o processo rumo à formação de símbolos, ainda que possa contar com a função alfa? Já que, neste modelo de mente, o lugar da função alfa é o objeto interno combinado, em sua forma primária peito e mamilo, a câmara nupcial?

Referências

BICK, E. (1968). The Experience of the Skin in Early Object Relations. *Int J Psycho-Anal.*, *49*, 484.

BION, W. (1962). Uma teoria do pensar. In M. Klein, *Hoje* (Vol. 1, p. 185). Imago.

HEIMANN, P. (1950). On Countertransference. *Int J Psycho-Anal.*, *31*, 81-84.

KLEIN, M. (1952). Notes on Some Schizoid Mechanisms. In *Development in Psychoanalysis*. Hogarth Press.

KLEIN, M. (1961). *Relato del Psicoanálisis de un Niño*. Paidós.

MELTZER, D. (1967). *The Psychoanalitical Process*. Clinics Press.

MELTZER, D. (1979). *Exploración del Autismo*. Paidós. (Trabalho original publicado em *Exploration in autism*, 1975). The Roland Harris Press.

MELTZER, D. (1987). *Studi di Metapsicologia allargata*. Raffaello Cortina.

MELTZER, D. (1988). *Mindlessness: Failure and Reversal of Alpha-function.*

MONEY-KYRLE. (1988). Cognitive Development. In *Collected Papers.*

PREGO Y SILVA, V. M. (1979). Comunicação pessoal.

TUSTIN, F. (1972). *Autism and Childhood Psychosis.* Hogarth Press.

TUSTIN, F. (1980). Autistic Objects. *Int Rev Psycho-Anal.*, *7*(1), 27-39.

Fac-símile de alguns originais enviados por Meltzer à autora

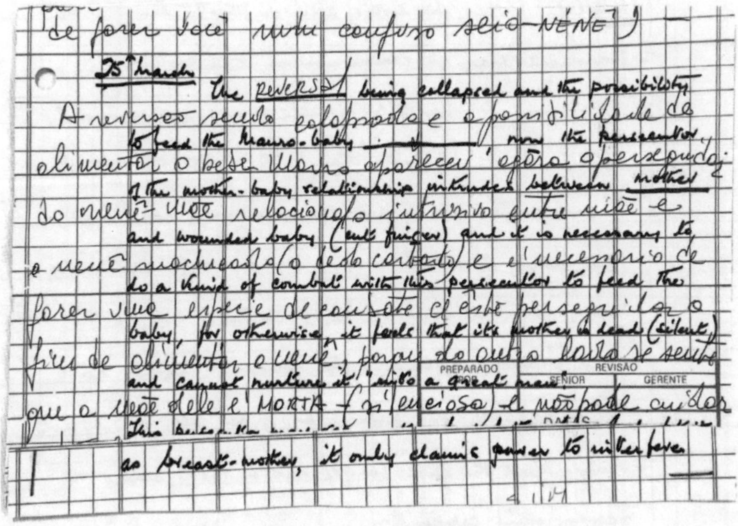

de fazer você muito confuso seio-NENÊ) —

25th March

The REVERSAL being collapsed and the possibility
A reversão sendo colapsada e a possibilidade de
to feed the Mauro-baby, now the persecutor,
alimentar o bebê Mauro apareceu, agora o perseguidor
of the mother-baby relationship intrudes between mother
do nenê-mãe relacionamento intrusivo entre mãe e
and wounded baby (cut finger) and it is necessary to
o nenê machucado (o dedo cortado) e é necessário de
do a kind of combat with this persecutor to feed the
fazer uma espécie de combate c/ este perseguidor a
baby, for otherwise it feels that its mother is dead (silent)
fim de alimentar o nenê, porque do outro lado se sente
and cannot nurture it, "still a great man"
que a mãe dele é MORTA (silenciosa) e não pode cuidar
This persecutor [illegible]
as breast-mother, it only claims power to interfere. —

PREPARADO POR | REVISÃO SÊNIOR | GERENTE

(7)

While the object-relations (relieves) the persecutions but brings him in touch with depressed feelings, especially in connection with the separations, changes in (twice) ____, moments when you fail to understand, etc.

Thirdly When this sort of acting-in-the-transference has replaced play-as-communication, it is probably necessary, in order to be listened to and not "jammed"; to "think-aloud" rather than "interpret to" the patient. The sequence in the sessions corresponds, as I have suggested, to ~~certain~~ confusion (certain) defences giving way to the infantile ____ + contact, but as the end approaches there is the tendency again to turn against you, especially if he feels you do not understand the intensity of his anxiety about the approaching separation

PREPARADO POR	REVISÃO	
	SENIOR	GERENTE
DATAS		
ARGUMENT		
COMPLETAR EM LETRAS MAIÚSCULAS		

Up to 20 March

The "championship" is being enacted in the playroom and
O campeonato está sendo encenado na sala, e ele
seems to have the meaning of who is the "talker" (feeder)
parece ter o significado de quem é que fala e quem
and who is the "listener" (fed) – a REVERSAL of baby-breast.
é que escuta (o que come) peito do nenê –
In that case the "_____ of the boy" – inside the breast, the
dentro do seio, o –
secret of the breast's creativity.
segredo da criatividade do seio –

While this could be taken at either anal or genital level,
Enquanto isto pode ser tomado como um nível anal ou genital,
the latter two areas would not encompass the
as 2 áreas últimas não poderiam conter o
mystery-of-the-mother's-body, which appears to be
mistério do corpo da mãe que aparece como sendo
central. The threats to "kick", transforming the
central – As ameaças de chutar, transformando
breast into the football, transforms the "championship"
o seio em um futebol, transforma o campeonato
into a more _____ whole-object competition, baby
em mais objeto total competição baby
versus mother, rather than the part-object mouth versus
" mãe, em vez de part-objeto, boca "
nipple. This latter level seems to me to be
mamilo – Este último nível significa para mim ser
more essential, for his role as guardian of the box and
mais essencial por seu papel de guardião da caixa
its mysteries makes his tongue related to his mind, as
e seus mistérios fazem sua língua e sua mente
nipple is the guardian of the breast. A more
como o mamilo é o guardião do seio. O mais
cogent and _____ level.
convincente e nível

PREPARADO | REVISÃO | DATAS | COMPLETAR EM LETRAS MAIÚSCULAS

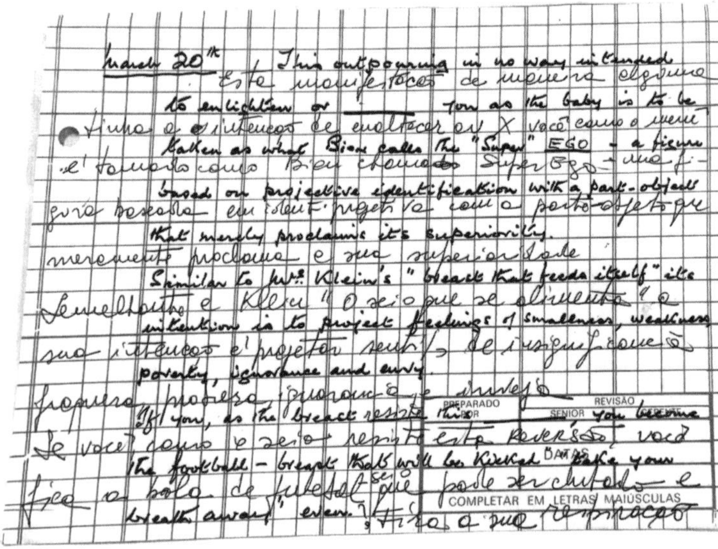

March 20th This outpouring in no way intended
Esta manifestação de maneira alguma
to enlighten or ___ you as the baby is to be
tinha a intenção de enaltecer ou X você como o meni-
taken as what Bion calls the "Super" EGO – a figure
é tomado como Bion chamado Super Ego – uma fi-
based on projective identification with a part-object
gura baseada em identif. projetiva com o parte-objeto que
that merely proclaims its superiority.
meramente proclama a sua superioridade
Similar to Mrs. Klein's "breast that feeds itself" its
Semelhante a Klein "o seio que se alimenta" a
intention is to project feelings of smallness, weakness
sua intenção é projetar sentim. de insignificância
poverty, ignorance and envy.
fraqueza, pobreza, ignorância e inveja
If you, as the breast resists this ___ you become
Se você como o seio resiste esta reversão, você
the football – breast that will be kicked "take your
fica a bola de futebol seio que pode ser chutado e
breath away" even.
"tira a sua respiração"

PREPARADO
REVISÃO
SENIOR
DATAS
COMPLETAR EM LETRAS MAIÚSCULAS

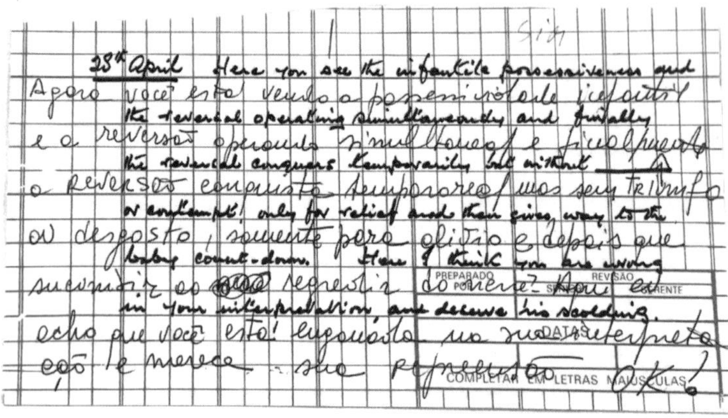

28th April Here you see the infantile possessiveness and
Agora você está vendo a possessividade infantil
the reversal operating simultaneously and finally
e a reversão operando simultaneamente e finalmente
the reversal conquers temporarily but without ___
a reversão conquista temporária mas seu triunfo
or contempt! only for relief and then gives way to the
ou desprezo, somente para alívio e depois que
baby count-down. Here I think you are wrong
sucumbir ao [illegible] regressão do pensar? Aqui eu
in your interpretation, and deserve his scolding.
acho que você está enganado na sua interpreta-
ção lhe mereça sua repreensão OK?

PREPARADO
REVISÃO
DATAS
COMPLETAR EM LETRAS MAIÚSCULAS

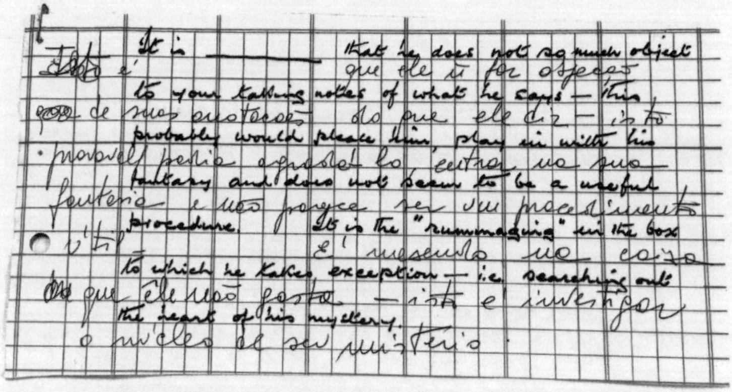
It is ______ that he does not so much object
Isto é que ele é for objeção
to your taking notes of what he says — this
de suas anotações do que ele diz — isto
probably would please him, play in with his
provavelmente agradaria, entrar na sua
fantasy and does not seem to be a useful
fantasia e não parece ser um procedimento
procedure. It is the "rummaging" in the box
útil. É mexendo na caixa
to which he takes exception — i.e. searching out
que ele não gosta — isto é investigar
the heart of his mystery.
o núcleo de seu mistério.

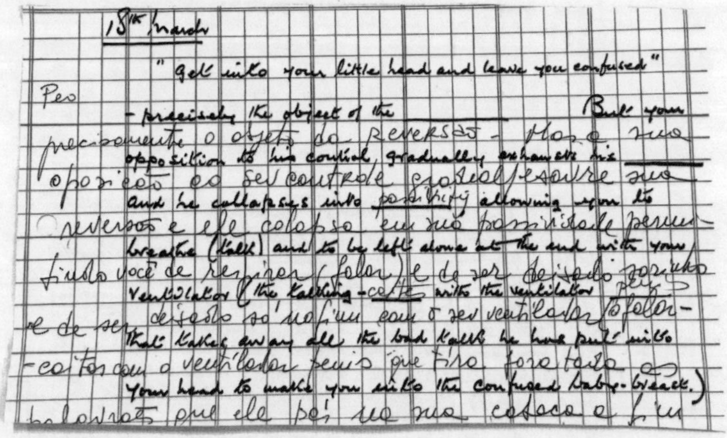
18th March
"Get into your little head and leave you confused"
Pes
— precisely the object of the ______ But your
precisamente o objeto da reversão. Mas a sua
opposition to his control gradually exhausts his ______
oposição ao seu controle gradualmente exaure sua
and he collapses into passivity allowing you to
reversão e ele colapsa em sua passividade permi-
breathe (talk) and to be left alone at the end with your
tindo você de respirar (falar) e de ser deixado sozinho
ventilator (the talking-caite with the ventilator that
e de ser deixado só no fim com o seu ventilador (o falar-
that takes away all the bad talk he has put into
-caitos com o ventilador que tira fora todas as
your head to make you into the confused baby-brain.)
palavras que ele pôs na sua cabeça e fim

(6) 22nd. April (Is this a holiday break?)

The (reversal) again until he can ask for the
A reversão volta até ele pode perguntar pela sessão
last session to be replaced. But he feels
perdida - para repor. Mas ele sente
also that you are ___ at his need and
também que você pode estar furioso com sua necessidade
returned to being abusive, not in the reversal but
e volta a ser abusivo, não só reversão mas deitado
lying down as the resentful baby, watching the
como o nenê ressentido, olhando a hora, precioso,
time, precious, counting it to be sure it isn't
contando-o e tosse de estar seguro que não é roubado
stolen from him. "the whole world" - the breast
dele — O mundo todo (o seio e você) O objeto
"and you" - the whole-object mother.
inteiro - mãe -

de fazer você uma confusa seio-NENÊ) —

25th March The reversal being collapsed and the possibility
A reversão sendo colapsada e a possibilidade da
to feed the Mauro-baby ___, now the persecutor
alimentar o bebê Mauro aparecer agora o perseguidor
of the mother-baby relationship intruded between mother
do nenê mãe relacionado intrusivo entre mãe e
and wounded baby (cut finger) and it is necessary to
o nenê machucado (o dedo cortado) e é necessário de
do a kind of combat with this persecutor to feed the
fazer uma espécie de combate c/ este perseguidor o
baby, for otherwise it feels that its mother is dead (silent)
fim de alimentar o nenê, porque do outro lado se sente
and cannot nurture it, also a great mass
que a mãe dele é MORTA (silenciosa) e não pode cuidar

PREPARADO POR | REVISÃO | SÊNIOR | GERENTE | DATAS

as breast-mother, it only claims power to interfere.

6

Comments (continued)

I would think that this material is adequately understood in MRS. ...... terms and the "Threshold of the depressive position" as outlined in "The Psa. Process". Bion's concepts regarding ♀♂ or thought disorders do not seem to present themselves. He presents, structurally, a problem of inadequate splitting-and-idealization — he cannot get from the combination of an idealized part of self with idealized object as a foundation of security.

Secondly. His stories function as do dreams in adult analysis or children's play, as a continuous narrative that describes the ebb + flow of narcissistic organization of parts of the personality and object-relations. It is this ebb + flow that needs to be followed and rendered as interpretations of organizational progress in the analysis, demonstrating how the aggravates the anxieties it seeks to defend against

PREPARADO POR	REVISÃO	
	SENIOR	GERENTE
DATAS		
COMPLETAR EM LETRAS MAIÚSCULAS		